シュンペーター、ドラッカーから、クリステンセン、
キム&モボルニュ、ゴビンダラジャンまで

最強の
イノベーション理論
INNOVATION THEORY
集中講義
INTENSIVE LECTURE

安部徹也　TETSUYA ABE

日本実業出版社

はじめに

最も強い者が生き残るのではなく
最も賢い者が残るのでもない。
唯一生き残るのは変化する者である。

チャールズ・ダーウィン

　多くの企業が激しい生存競争にさらされている昨今、厳しい環境で生き残っていくためには、生物の進化論の研究に生涯をささげたダーウィンが主張するように、「変化し続けていくこと」が重要なカギを握ります。
　いまやビジネスの世界では、グローバルレベルで激しい競争が繰り広げられ、圧倒的に差別化された製品を投入できなければ、厳しい価格競争にさらされるか、ライバル企業に顧客を奪われるか、いずれにせよ自社にとっては望んでもいない状況に追い込まれることになります。
　そのような厳しい状況に追い込まれないために重要なカギを握るのが、「イノベーション」です。

　企業はイノベーションに成功することができれば、どんな状況からでも業界内でダントツの地位を築くことができます。
　たとえば、Apple（アップル）。Appleは1990年代、極度の不振にあえいでいました。そんなAppleの状況を一変させたのが、スティーブ・ジョブズだったのです。
　ジョブズは1997年にCEOの地位に就くと再生への険しい道に挑んでいくことを決意します。その瀕死のAppleを劇的に変えたのがイノベーションなのです。
　Appleはジョブズ主導の下、斬新なデザインのパソコン『iMac』をは

じめとして、『iPhone』や『iPad』など、次々に革新的な製品を市場に投入し、これまでの不振のうっぷんを晴らすかのようにライバル企業に対して逆襲を始めます。そして、業績不振からいつ消えてもおかしくなかった企業が、ついに世界一の企業にまでのぼり詰めたのです。

　イノベーションとは、成功すればそれくらい事業にとって大きなインパクトを与えます。ただ、それだけに実現することがむずかしいのも事実といえるでしょう。

　本書では、規模の大小にかかわらず、どんな企業にとっても企業の存続や成長のために重要な役割を果たすイノベーションの理論を、タイプごとにわかりやすくお伝えしていきます。

　イノベーションにはいまや数多くの方法論があり、自社が置かれた状況に応じて適切なイノベーションを選択し、枠組みに沿って戦略を立て、実行に移していく必要があるのです。

　イノベーションの概念は、およそ100年前に経済学者であるヨーゼフ・シュンペーターが体系化したのが始まりといわれています。それから今日までビジネス環境の変化に応じて、さまざまな経営学者によって体系化されてきました。

　本書では、その中でもとくに重要なイノベーションにフォーカスして紹介していきます。

＊

　さあ、史上最高の教授陣が揃ったイノベーションの集中講義の時間となりました。

　それでは、このまたとない豪華な教授陣による講義の模様をのぞいていくことにしましょう。

時間割

シュンペーター、ドラッカーから、
クリステンセン、キム＆モボルニュ、ゴビンダラジャンまで

最強の「イノベーション」集中講義

はじめに

もしも、史上最高の教授陣が
イノベーションについて体系的に教えてくれる、
夢のような集中講義があったら…… ---------- 009

1時間目

シュンペーター教授に学ぶ
「イノベーションとは何か？」

Case　コダックの事例
業界のリーダーでも、イノベーションを
起こさなければ"死"あるのみ ---------- 017

Section1　イノベーションの定義
イノベーションとはこれまで世の中に
なかったものを新たに生み出すこと ---------- 020

Section2　イノベーションが重要な理由
企業にとっても、社会にとっても、
イノベーションなくして成長はない ---------- 022

Section3　イノベーションのタイプ（類型）
製品ばかりでなく、生産方法や販路など
ビジネスの広範囲に及ぶ ---------- 025

Section4　イノベーションを起こすことはなぜむずかしいか？
イノベーションの前に立ちはだかる
3つの壁を乗り越えなければならない ---------- 028

Section5　イノベーションを起こせる人物の特徴
「自分がやりたいから」という"利己的"な動機を持っている --- 032

　1時間目のノート ---------- 036

Schumpeter

2時間目

ドラッカー教授に学ぶ
「イノベーションの起こし方」

Case ユニクロの事例
小さな企業でもイノベーションを起こせば、
業界地図を塗り替えられる ── 039

Section1 イノベーションにつながる7つの機会
イノベーションの"種子"は私たちの身近にあふれている ── 042

Section2 イノベーションを起こすための戦略①
総力による攻撃(総力戦略)はリスクとリターンが背中合わせ ── 051

Section3 イノベーションを起こすための戦略②
弱みへの攻撃(ゲリラ戦略)には
「創造的模倣」「起業家的柔道」がある ── 056

Section4 イノベーションを起こすための戦略③
「関所戦略」「専門技術戦略」「専門市場戦略」で
ニッチを占拠する(ニッチ戦略) ── 063

Section5 イノベーションを起こすための戦略④
価値の創造(顧客創造戦略)は「効用戦略」
「価格戦略」「顧客戦略」「価値戦略」の4つ ── 070

2時間目のノート ── 076

Drucker

3時間目

クリステンセン教授に学ぶ
「破壊的イノベーション」

Case シャオミの事例
低価格を武器に中国のスマートフォン市場でトップを奪取 ── 081

Section1　破壊的イノベーションとは？
不要な機能を削ぎ落とし、低価格化で既存市場を破壊する --- 084

Section2　破壊的イノベーションのタイプ
「新市場型破壊」と「ローエンド型破壊」に分かれる --------------- 088

Section3　破壊的イノベーションのアイデアの選別
ビジネスのアイデアは「3つの関門」でチェックする --------- 092

Section4　破壊的イノベーションの新製品開発のプロセス
「顧客が解決したいと思っている
問題は何か？」を足がかりにする --------------------------- 096

Section5　破壊的イノベーションの理想的な顧客とは？
新市場型破壊の理想的な顧客は〈第1の関門〉の対象者 --------- 100

Section6　新市場型破壊の実現パターン
新市場型破壊は「4つのプロセス」を経て実現する --------------- 102

Section7　破壊的チャネルの構築
破壊的イノベーションは新たなチャネルで起こる --------------- 105

Section8　破壊的イノベーションの事業の範囲
自社で行なうか？　外注するか？
成長を維持するための基準が必要 --------------------------- 107

Section9　顧客のニーズが劇的に向上した場合
垂直統合型から水平分業型へ、
さらに「再統合」へシフトする --------------------------- 112

Section10　コモディティ化への対処法
コモディティ化と脱コモディティ化は補完関係、
バリュー・チェーンの中で移動する --------------------------- 114

| 3時間目のノート | --- 120

Christensen

4時間目

キム教授とモボルニュ教授に学ぶ
「バリュー・イノベーション」

Case キュービーネットの事例
競争の激しいヘアカット業界で
「1000円カット」で急成長を遂げる ---------------------------------- 125

Section1 バリュー・イノベーションとは？
「低コスト化」と同時に「差別化」を実現する ---------------- 128

Section2 バリュー・イノベーションの実行プロセス①
〈プロセス1〉市場の境界線を引き直す -------------------------- 130

Section3 バリュー・イノベーションの実行プロセス②
〈プロセス2〉戦略をビジュアル化する ----------------------------- 139

Section4 バリュー・イノベーションの実行プロセス③
〈プロセス3〉新たな需要を掘り起こす ----------------------------- 144

Section5 バリュー・イノベーションの実行プロセス④
〈プロセス4〉正しい順序で戦略を考える ---------------------------- 147

Section6 バリュー・イノベーションの実行プロセス⑤
〈プロセス5〉組織面のハードルを乗り越える ---------------------- 157

Section7 バリュー・イノベーションの実行プロセス⑥
〈プロセス6〉実行を見据えて戦略を立てる ------------------------ 163

> 4時間目のノート -- 166

Kim　　Mauborgne

5時間目

ゴビンダラジャン教授に学ぶ
「リバース・イノベーション」

Case パナソニックの事例
発展途上国の無電化地域でソーラーランタンの普及を目指す ── 171

Section1 リバース・イノベーションとは？
新興国で起こしたイノベーションを先進国へ還流させる ────── 174

Section2 なぜ、新興国市場の攻略に失敗するのか？
自国での成功体験は通用しないと考えよ ─────────────── 177

Section3 新興国でのイノベーションの起こし方
ゼロからニーズのギャップに応える
ビジネスのアイデアを検討する ───────────────────── 180

Section4 新興国でのイノベーションが還流する経路
「今日の取り残された市場」と
「明日の主流市場」の2つのルートがある ──────────────── 185

Section5 グローバル組織レベルでやるべきこと
新興国でのビジネスの重要性をリーダー自身が現地で確かめる ── 189

Section6 プロジェクトチームレベルの問題点と対応策
常識に囚われない活動が
リバース・イノベーションの成否を分ける ────────────── 196

5時間目のノート ───────────────────────────── 204

Govindarajan

すべての講義を終えて…… ─────────────────────── 206

おわりに

INDEX

カバーデザイン／冨澤崇（EBranch）
本文レイアウト＆DTP／ムーブ（新田由起子、徳永裕美）
カバー・本文イラスト／撫子凛
本文イラスト／鹿野理恵子

もしも、史上最高の教授陣が
イノベーションについて
体系的に教えてくれる、
夢のような集中講義があったら……

　その日、東京のとあるビジネススクールの会議室に４人のビジネスパーソンが集まっていた。それぞれ業種や職位は違えども目的は同じ。世界最高峰のイノベーションの講義を受けるためにやって来ていたのだ。
　４人は全員神妙な面持ちで、オリエンテーションが始まるのを待っていた。そこへスクールの担当者が入ってきた。

「皆さん、本日はようこそお越しくださいました。今回の集中講義で、世界の超一流の教授からさまざまなタイプのイノベーションを学ぶことができます。各自受講前に、自社の問題点を整理して講義に臨めば、最大限の効果を得られることは間違いないでしょう。それではさっそく講義に入る前に、各自自己紹介から始めましょうか。まず、右端のあなたからどうぞ」

そうスクールの担当者が声をかけると、右端の男性が立ち上がり、自己紹介を始めた。

「家電メーカーの経営企画室に勤務する鈴木雄一と申します。現状わが社の問題点は、かつて起こしたイノベーションに頼り切って、新たなイノベーションを起こせていないことにあります。結果、業績も右肩下がりで、何とかこの現状を打破したいと参加を決めた次第です」

その後も、自己紹介が続いた。

「佐藤健二と申します。私はスマートフォンの生産を手がけるベンチャー企業を経営しています。スマートフォンの成長をチャンスと捉えて市場に参入しましたが、AppleやSamsung（サムスン）の壁が大きすぎて、思うような業績を残せていないのが実状です。市場をリードする企業を出し抜くような戦略のヒントをつかむために参加しました」

「私は山田章三です。現在、美容室チェーンのマーケティング部門の担当者として、さまざまな戦略立案に関わっていますが、何せ美容室業界は競合が多く、激しい競争に苦戦しているのが偽らざる本音

です。そんな競争から抜け出して、自社独自のビジネスを展開する答えを探しにやって来ました」

「伊藤征四郎です。グローバル企業の海外戦略企画室で、新興国市場の攻略を主に担当しています。わが社では積極的に海外展開を図るつもりではあるのですが、日本で築いたブランドが新興国ではなかなか通用せず、苦戦しています。そのような状況を打破すべく、新たな戦略を学びたいと思っています」

ひととおり自己紹介が終わると、スクールの担当者は一つ咳払いをして話し始めた。

本講義を受けるにあたって

「自己紹介、ありがとうございます。話を聞いてわかったように、ご参加いただいた皆さんの業界、企業規模、職種はさまざまです。ただ一つ言えることは、どんな業界、どんな規模の企業であれ、ビジネスの世界で勝ち残るためにはイノベーションが重要なカギを握るということです。この集中講義では、まずはシュンペーター教授によるイノベーションの基本を全員で学んでいただきます。そしてその後に、個別に各自の問題をイノベーションで解決する講義を受けていただきます」

スクールの担当者はそう言うと、講義の「時間割」を参加者に配り始めた。

1時間目は、シュンペーター教授による「イノベーションとは何か?」です。そもそもイノベーションとは何か、イノベーションの範囲やイノベーションを起こせる人物などについて説明します。

2時間目は、ドラッカー教授による「イノベーションの起こし方」です。これまで世の中になかった製品を生み出す戦略について説明します。

3時間目は、クリステンセン教授による「破壊的イノベーション」です。新興企業（もしくは大企業からのスピンアウト）がイノベーションで先行する企業の市場を破壊し、業界のトップを奪取する戦略について説明します。

4時間目は、キム教授とモボルニュ教授による「バリュー・イノベーション」です。厳しい競争から抜け出し、競争のない市場を切り開く戦略（ブルー・オーシャン戦略）について説明します。

5時間目は、ゴビンダラジャン教授の「リバース・イノベーション」です。大企業が新興国市場を攻略し、その成功を先進国に還流させる戦略について説明します。

「さて、時間割をご覧になってわかるように、この集中講義では、数あるイノベーションの中でも最も重要なものにフォーカスして講義を進めていきます。講義を通して、自社の置かれた状況を分析し、適切なイノベーションを取り入れるなら、きっと皆さんの会社も、たとえどんな状況にあったとしても業界地図を塗り替えるような劇的な成長を実現することも不可能ではないでしょう。それでは、さっそく1時間目のシュンペーター教授の講義に入ります。間もなく教授がいらっしゃいますので、いましば

集中講義の概要

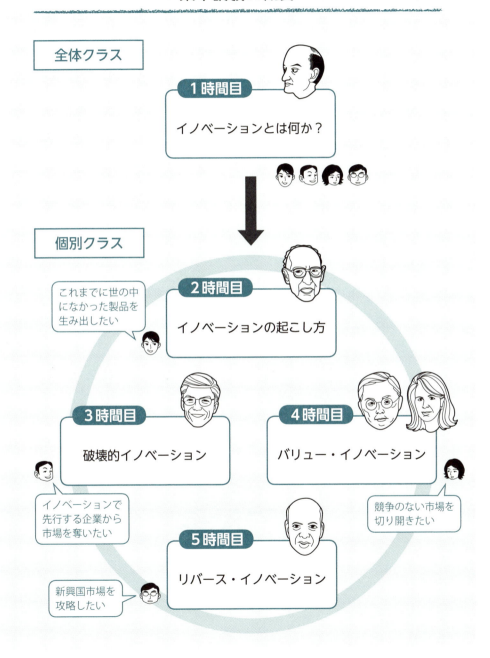

らくここでお待ちください」

　スクールの担当者はそう参加者に告げると、会議室から出ていった。

＊

　数分後、会議室のドアが開き、シュンペーター教授が入ってきた。いよいよ、1時間目の講義が始まろうとしていた……。

1時間目

シュンペーター教授に学ぶ
「イノベーションとは何か？」

1時間目を担当するシュンペーターです。まずは、イノベーションの重要性をご理解いただくために、イノベーションを軽視して衰退した企業のケースをお伝えした後に、「イノベーションとは何か？」という定義を明確化します。続いて、イノベーションの重要性や起こせる分野、障壁、そして最後にイノベーションを起こせる人物像を特定します。この講義を受けることにより、おぼろげにしか理解していなかった「イノベーション」という概念がはっきりしてくるでしょう。

Joseph Alois Schumpeter
ヨーゼフ・アーロイス・シュンペーター

オーストリア生まれの経済学者。同世代のケインズと並び、20世紀前半の代表的な経済学者の一人と称される。イノベーションを最初に定義づけた人物であり、著書『経済発展の理論』はいまなお色褪せずに多くの人に読み継がれる。"経営の神様"と呼ばれたピーター・ドラッカーは、シュンペーターの影響を大いに受けたことでも有名。

1時間目は、イノベーションを最初に定義づけたシュンペーター教授の講義だ。鈴木雄一、佐藤健二、山田章三、伊藤征四郎の4人は、この先どんな講義が始まるか、緊張の面持ちで待っていた。そして、いよいよ講義が始まった……。

「皆さん、ようこそ。まずは個別の講義に入る前に、"イノベーションとは何か？""イノベーションがなぜ重要なのか？"といった基本的な知識を学んでいきましょう」

「はい」

「いまやビジネスパーソンにとって『イノベーション』は当たり前に使われる言葉ですが、本来の意味を理解していない人も多いでしょう。たとえば、鈴木さん、"イノベーションとは何か？"と問われたら、何と答えますか？」

「『技術革新』のことでしょうか。これまでになかった革新的な技術を生み出すことだと思います」

「たしかに技術革新はイノベーションの一部といえるでしょう。ただ、それがすべてではありません。それは講義の中でおいおい明らかにするとして、まずはイノベーションの重要性を認識していただくために、こんなケースから始めましょう」

Case コダックの事例

業界のリーダーでも、イノベーションを起こさなければ"死"あるのみ

　イーストマン・コダック（以下**コダック**）は、世界 No.1 の写真フィルムメーカーでした。

　コダックはフィルムに代わる新しい技術として、1975 年にデジタルカメラを発明します。当時は 100 × 100 の 1 万ピクセルと、現在に比べれば解像度も低いものでしたが、テレビに画像を映すということもできました。

　このデジタル技術がカメラに活かされれば、利用者は、これまで［フィルムの購入］→［撮影］→［現像・プリント］というプロセスが必要だったのが、［撮影］→［画面での確認］というプロセスで済ますことができ、利便性やコスト面で大きなメリットが生まれます。

　もし、これを世に広めることができれば、人々の生活が大きく変わる可能性を秘めていたのです。

　まさにこれが「**イノベーション**」といえます。

イノベーションを軽視して倒産したコダック

　ところが、コダックはこのデジタル技術を自ら世に広めることを躊躇しました。なぜなら、これを世に広めることは主力のフィルム事業の衰退につながり、フィルムの販売や現像などから得ていた巨額の収益を自ら放棄することになるからです。

　一方、ライバル企業の**富士フイルム**や、カメラメーカーの**キヤノン**、**ニコン**なども、この次世代のデジタル技術に注目していました。そして、

躊躇するコダックを横目に、ライバル各社が次々と市場に新たなデジタルカメラを投入していったのです。

フィルムを使わず、気に入らない写真があればその場で削除できるなど、無駄な費用を使わなくて済むデジタルカメラは、**カシオ計算機やソニー**といった異業種からの参入も相次ぎ、急速な技術革新を伴って機能や利便性を高めたことが顧客に支持され、またたく間に市場に受け入れられていきます。

フィルムの需要は短期間で激減し、業界のリーダーであったコダックは業績の悪化にあえぐことになります。やがて、コダックは自社の犯した重大な失敗に気づき、デジタル技術に力を入れようとしますが、時すでに遅し。市場は日本のメーカーに席巻され、付け入る隙がなかったのです。

結果として、フィルム業界の巨人・コダックは連邦破産法の適用申請を行ない、輝かしい歴史に幕を閉じたのです。

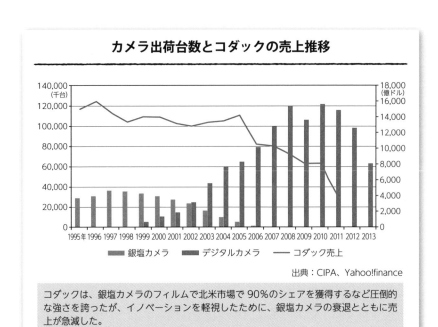

コダックは、銀塩カメラのフィルムで北米市場で90％のシェアを獲得するなど圧倒的な強さを誇ったが、イノベーションを軽視したために、銀塩カメラの衰退とともに売上が急減した。

このコダックの事例は、いくら市場で強大な影響力を持つ企業でも、ライバル企業や異業種からイノベーションを引っ提げて切り込まれればわずかな期間で市場の様相が一変し、最悪の場合、市場からの退出を命じられることがあることを物語っているのです。

🧑「どうですか、鈴木さん？　たとえ業界のリーダーであってもイノベーションを起こさなければならないという重要性を認識いただけましたか？」

🧑「はい。圧倒的な強さを誇る企業であっても、イノベーションを繰り返して常に先頭を走り続けなければ、ライバル企業にあっという間に追い抜かれて事業が立ち行かなくなるという厳しい現実を思い知らされました。わが社もいまはまだ過去の遺産で何とか食いつないでいますが、余力があるうちにイノベーションに取り組む必要性を痛感しました」

🧑「そうですね。そんな思いがあるなら、スタートは早いほうがいい。イノベーションを起こすことができれば、どんな企業でもあっという間に市場を支配するような力を持つことができるんです。だから、いつ新たな敵がイノベーションを起こして鈴木さんの会社を抜き去るかもわからないということなんです」

🧑🧑🧑「なるほど」

🧑「それじゃあ、皆さんにイノベーションの重要性を認識してもらったところで、"イノベーションとは何か？"ということを考えていきましょう」

シュンペーター教授に学ぶ

Section1　イノベーションの定義

イノベーションとはこれまで世の中になかったものを新たに生み出すこと

　「イノベーション」という言葉を知らない人はおそらくいないでしょうが、イノベーションほど誤解されているコンセプトはありません。

　日本では、イノベーションは「技術革新」に置き換えられ、ハイテク分野で革新的な製品を生み出すことと捉えられています。ただ、イノベーションにおいて、技術的な面はほんの一部分にすぎず、それが及ぼす影響はより広範囲にわたります。

イノベーションの条件は「非連続」

　イノベーションにとって重要な条件は「**非連続**」ということです。つまり、イノベーションとはこれまでの何かを改善しながら新たなものをつくり出す活動ではなく、「**これまで世の中になかったものを初めて生み出す活動**」になるのです。それはまったく新たな概念でこれまで世の中になかったものを生み出し、ひとたび受け入れられるや世の中を大きく変える可能性を秘めた活動といえるでしょう。

　この意味で、たいていの場合、既存の製品と並行してイノベーティブな製品が生み出されることになります。そして、イノベーティブな製品が既存の製品を駆逐していくというパターンになるのです。

　たとえば、**Apple**が生み出したiPadは、スマートフォンのような利便性とノートパソコンのような機能性を兼ね備えた製品ですが、スマートフォンやノートパソコンの代わりとして市場に投入された製品ではありません。既存の製品と並行して販売され、消費者がその価値に気づく

と従来のものと置き換わっていく過程を経ていくことになるのです。

顧客の声を聞いていたら
イノベーションは起こせない？

　イノベーションはその性質上、顧客の声をよく聞いて成し遂げられるものでもありません。通常、顧客の頭の中では想像できなかったものを企業が考え出し、市場に投入することによって、世の中を大きく変えることができるようなイノベーションを完遂することができるのです。

　たとえば、Appleのイノベーティブな製品を生み出す中心的人物だった**スティーブ・ジョブズ**は、決して顧客の声を集めて市場に望まれる製品をつくったわけではなく、逆に顧客の声をまったく聞くことなしに、世の中に変革を起こすような製品づくりというコンセプトで次々にイノベーションを成功に導いていったのです。

　もし、ジョブズが顧客の声に真摯に耳を傾け、市場に迎合するようなマーケティングを行なっていれば、決していまのような社会は実現できなかったことでしょう。

😀「なるほど。イノベーションにとってカギとなるのは『非連続』であり、ビジネスの広範囲にわたって革新を起こしていくということなんですね。これまでとの関係性を断ち切って、まったく新たなビジネスを考えていかなければならないということか……」

🧑‍🦲「そういうことです。イノベーションをただ単なる製品開発と捉えずにビジネスの全般にわたるものと考えれば、企業としてやるべきことはたくさんあることに気づくでしょう。続いて、イノベーションの重要性について考えていきましょう」

シュンペーター教授に学ぶ

Section2　イノベーションが重要な理由

企業にとっても、社会にとっても、イノベーションなくして成長はない

　イノベーションは規模の大小を問わずにビジネス、そして結果として社会に大きな影響を与えていきます。

　イノベーションを通じて、自社のビジネスを大きく変え、社会に大きく貢献することができれば、多くの生活者の支持を得て成長を加速させることができます。

　一方で、既存のものにこだわって新たなものを生み出そうとしなければ、どんなに大きな企業でも、自ら衰退の原因をつくり出してしまうことにつながるのです。

社会や経済の発展に寄与する

　たとえば、かつて交通の手段の要として馬車が利用されてきました。「連続性」の観点からは、より体力のある馬を育成したり、馬車を改良したりして、軽量で乗り心地の良いものにすることができるでしょう。

　ただ、馬車はいくら改良を施しても馬車であり、それが自動車や飛行機になることはありません。そして、イノベーションによって自動車や飛行機が生み出されていなければ、世界は狭い経済圏の中でいまとは比較にならないくらいの低い水準のクオリティ・オブ・ライフ（QOL）に甘んじていなければならなかったでしょう。

　このように、経済や社会というマクロの視点からイノベーションは世の中をより便利で豊かなものに変えていくという大きな役割を担っているのです。

また、交通機関をはじめとして、電話というイノベーションのお陰で、それまでは手紙でしかコミュニケーションが図れなかったのが、実際に声を聞きながらリアルタイムでコミュニケーションが図れるようになりました。

さらに、現代ではインターネットというイノベーションで、一対一だけでなく、より多くの人たちとコミュニケーションを図ることも可能になっています。

このようにイノベーションは、私たちのライフスタイルに非常に大きな影響を及ぼすのです。

企業の差別化につながる

企業の事業活動というミクロの視点からも、イノベーションは差別化や市場の拡大という重大な役割を担っています。もし、企業がイノベーションに取り組まずに、既存製品の改良にだけ終始していれば、市場の拡大は限られたものになります。

加えて、市場が成熟してくれば、差別化も限界を迎え、価格だけが顧客が製品を選択する理由になってくるでしょう。すなわち、企業にとってイノベーションを起こすことができなければ、既存のパイの奪い合いに終始することにつながっていくのです。

そこで、イノベーションを起こして、連続性を自ら断ち切り、これまでになかった市場を創造できるなら、先行者としての利益を享受することができます。うまくやれば長い間、市場を独占して、競争とは無縁のビジネスを展開することもできるでしょう。

たとえば**マイクロソフト**は、パソコンというイノベーティブな製品が生み出された際に、オペレーティングシステム（OS）の採用に成功しました。パソコン自体は、開発元のIBMがその構造をオープンにし、多くの企業から販売されることになりますが、OSにはマイクロソフト

イノベーションがなぜ重要か？

1 > 経済や社会にとって世の中をより便利で
豊かなものに変えていく役割を担うから

Ex. 飛行機、自動車、コピー機

2 > 企業によっては、差別化や市場の
拡大につながるから

Ex. マイクロソフト、Apple、Facebook

の製品が使用されることとなり、いまなおパソコンの OS で大きなシェアを維持しています。

このように、イノベーションは企業のビジネス的にも、ひいては社会や経済の発展という意味からも非常に重要な役割を担っているということができるのです。

「イノベーションは企業が競争を優位に展開していくために重要なものだと思っていましたが、それだけではダメなんですね」

「そうです。たしかに企業の差別化にもつながりますが、結果として社会をより豊かに、そしてより便利に変えていくというより大きな視点でイノベーションは重要な役割を果たすのです。続いて、イノベーションを起こすことのできる分野について見ていきましょう」

Section3　イノベーションのタイプ（類型）

製品ばかりでなく、生産方法や販路などビジネスの広範囲に及ぶ

　イノベーションの花形といえば、これまで世の中になかった製品やサービスを生み出し、市場に投入していくことです。
　しかし実のところ、イノベーションはそれにとどまりません。

イノベーションを起こせる5つの分野

　たとえば、イノベーションは次の5つの分野で起こすことが可能です。

①新しい製品やサービス
　一般的にイメージされるイノベーションは、おそらくこの新しい製品に関してでしょう。
　たとえば、自動車や飛行機、パソコン、スマートフォン、タブレットなど、時代時代に従来の概念を覆すような製品が生み出され、世の中を変えてきました。この新しい製品はイノベーションの中でも注目度が高く、花形ともいえるでしょう。

②新しい生産方法
　新たな生産方法も世の中に変革をもたらすことがあります。たとえば、**トヨタ自動車**が生み出した「かんばん方式」や「ジャスト・イン・タイム」などの新たな生産方式は、生産に要するコストを極限まで減らし、低価格で高品質というこれまでトレードオフの関係にあった要素を両立させ、トヨタ躍進の原動力となりました。

③新しい販路の拡大

これまでにアプローチできていなかった市場に画期的な方法で販路拡大することも、イノベーションにつながります。

たとえば、かつて製品を販売するためには店舗を構え、販売員が対面で顧客に販売するのが一般的でしたが、自動販売機の登場により、これまでコスト的に合わなかった地域でも、わずかなコストで24時間休むことなく販売することが可能になりました。

このイノベーションにより、顧客の利便性は高まり、なおかつ企業側は飛躍的に売上を上げることが可能になったのです。

④原料の新しい供給源の獲得

製品に使用される原料を見直すことによっても、イノベーションを起

イノベーションが起こせる5つの分野

こすことができます。

たとえば、いまや多くのハイテク製品で利用されるレアメタルですが、世界のレアメタルの大半を生産する中国が輸出規制を行なった際に、日本企業はレアメタルを入手することが困難になりました。

そこで、レアメタルに代わる材料の開発に着手し、レアメタルに頼らない製品の開発というイノベーションを推進していったのです。

⑤新しい組織の実現

これまでとはまったく趣を異にする組織を築き、発展を促すイノベーションもあります。

たとえば、「フランチャイズシステム」という新たな方法を生み出すことにより、企業は自社の保有する経営資源を大きく上回る組織を、リスクを低くして構築することが可能になります。

このフランチャイズシステムの下では、フランチャイザーは、多大な資金負担をすることなく、急速に事業を拡大できるとともに、フランチャイジーも自身で事業を始めるよりも、フランチャイザーのブランド力を利用して短期間で事業を軌道に乗せることができます。

このように、企業は5つの分野でイノベーションを起こして、飛躍的な発展を遂げることが可能になるのです。

「なるほど。イノベーションは製品だけでなく、他にも生産方法や販路、原料調達、組織などでも起こすことができるんですね」

「そういうことです。この5つの分野はビジネス全体といっても過言ではないから、イノベーションの芽はどこにでもあるということなんです。ただ、イノベーションを起こすことはそう簡単ではないでしょう。次は、その理由を掘り下げましょう」

シュンペーター教授に学ぶ

Section4　イノベーションを起こすことはなぜむずかしいか？

イノベーションの前に立ちはだかる 3つの壁を乗り越えなければならない

　企業の成功、ひいては社会の発展に重要な役割を果たすイノベーションを起こすことはもちろん簡単なことではありません。

イノベーションを妨げる「3つの障壁」

　イノベーションに取り組む組織や人は、次のような高い障壁を乗り越えていかなければならないでしょう。

①未体験の領域

　通常、私たちは経験則で決断を下したり、行動を起こしたりしています。

　たとえば、一般的な製品開発でいえば、すでに存在する製品をもとにアレンジを施して新製品を開発していきます。

　このような製品開発では、"何を、どうすれば、どうなる"ということが、これまでの経験則からある程度予測できます。

　一方で、イノベーションにおいては、これまで世の中に存在しなかったものを生み出す活動ゆえに、これまでの経験則を活用することができません。まったく未知の領域にチャレンジするということは、多くの予測不可能なことに遭遇する可能性も高く、誤った決断や行動につながりやすいので注意が必要です。

　この未体験の領域という障壁を克服するためには、鋭い「洞察力」を駆使していかなければなりません。洞察力とは、起こりうる結果がわか

らない状態の中でも結果をより明確に見通すことのできる能力です。これによって、未体験の領域でも思い描いたような結果を導き出すことができるようになるのです。

②既成概念
　これまで世の中に存在しなかったものの創造に挑戦するという行為自体にも困難が伴います。通常、誰でもこれまでの延長線上で活動することに居心地の良さを感じ、まったく新たなことに取り組むことには心理的な抵抗を覚えるからです。
　中には、「新しいことに取り組んでも無駄だ。いまの状態がベストなのだ」と、最初から現状を肯定し、新たなことに挑戦することさえ考えずに、新たなことができる方法よりもできない理由を並べ立ててイノベーションを否定する人もいるでしょう。
　このような思考回路に陥れば、イノベーションを起こすことなど考えられなくなります。
　やはり、イノベーションを起こすためには、**「これまで世の中で成し得なかったことを自分や自社が成し遂げてみせる」**という大きなエネルギーを生み出し、既成概念を打ち破っていく必要があるのです。

③社会の抵抗
　一般的に新しいことを行なおうとすると、社会や人々の抵抗に遭うことは世の常といっても過言ではないでしょう。
　最も顕著な抵抗は、既得権益者が法律を盾に新たな企業や考え方を拒否する際に見て取れるでしょう。そこまで露骨ではなくとも、社会の中で人と違う行動を起こすことは非難の的になる場合があります。
　経済活動において、新たな取り組みへの抵抗は、その活動によって現状の地位を脅かされる既得権益者から始まります。彼らは豊富な資金や人脈を駆使して、イノベーションに取り組む新興勢力の台頭を阻止するために極力、協力者が現われないような行動を起こすかもしれません。

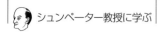

イノベーションの前に立ちはだかる障壁と対処法

1 > 未体験の領域……予測不能なことが発生する
　　＜対処法＞「洞察力」を磨く

2 > 既成概念……「現状維持でいい」という考えが支配する
　　＜対処法＞「これまで世の中になかったことを成し遂げる」というモチベーションを高める

3 > 社会の抵抗……既得権益者からの抵抗に遭う
　　＜対処法＞指導者がリーダーシップを発揮して、抵抗勢力を駆逐する

　ここで、イノベーションを起こすために必要な協力を得ることの困難に直面することでしょう。

　また、その困難をクリアしたとしても、次に消費者を引きつけることの困難に見舞われることも十分考えられます。大々的プロモーションで既存製品をアピールしたり、イノベーティブな製品のネガティブキャンペーンを展開したりして、新たな芽を最終的に摘み取って、自社を脅威にさらす新興勢力の勢いを殺してしまおうとするのです。

　このような障壁は特別な種類の課題であり、乗り越えるためには特別な活動を要求されます。そして、この特別な課題を克服するために重要なカギを握るのが「**指導者**」といえるのです。

　強力なリーダーシップの下、「イノベーションで世の中を変革する」という強い意志で組織を結びつけ、他者を巻き込んで旧勢力を一掃し、イノベーションを実現していくことが求められるのです。

🧑「イノベーションを起こしていくためには『未体験の領域』『既成概念』『社会の抵抗』という3つの障壁を乗り越えていかなければならないんですね」

👨「そう、イノベーションというのはこれまで誰もが経験したことのない活動なので、さまざまな困難が待ち構えているのは想像に難くないでしょう。そして、とくに顕著なのがこの3つの障壁になるんです」

🧑「未体験の領域や既成概念くらいは何とか克服もできるでしょうが、社会の抵抗に遭った場合にはなかなか突破もむずかしそうですね」

👨「だから、イノベーションを起こすには強い指導者が必要になってくるというわけなんです。どんな社会や組織の逆風にもひるまない人物が……。続いて、そのイノベーションを成功に導くことのできる人物像やその動機について具体的に特定しましょう」

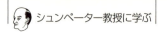シュンペーター教授に学ぶ

Section5 イノベーションを起こせる人物の特徴
「自分がやりたいから」という"利己的"な動機を持っている

　指導者の話が出たところで、どのような人がイノベーションを成し遂げることができるかに言及してみましょう。

　実のところ、すべての人がイノベーションを成し遂げることができるわけではありません。イノベーションを実現に導くことができる人には明らかな特徴があるのです。

　誤解を恐れずにいえば、イノベーションは決して常識に囚われた思考、常識に囚われた行動しかできない企業や経営者が成し遂げられるものではありません。

　やはり、イノベーションはこれまで世の中になかったものを生み出す活動ですから、これまでの業界の慣習や常識に囚われているようでは、新たなものなど創造できないのです。

「視覚の鋭さ」「偏狭さ」「独立独歩の能力」

　典型的な人物像としては、数々のイノベーションを生み出した**スティーブ・ジョブズ**をイメージしていただければわかりやすいでしょう。

　スティーブ・ジョブズは経営者として大きな成功を収めましたが、決して常識的な人格者ではなく、権威に重きを置く人でもありませんでした。

　イノベーションを指導する人にとっては、人格や権威は重要なものではありません。最も重要なのは、「**視界の鋭さ**」や「**偏狭さ**」、そして「**独立独歩の能力**」を持ち合わせ、これらを特殊に結びつけていく能力

イノベーションを起こせる人物の特徴

1 > 視界の鋭さ
2 > 偏狭さ
3 > 独立独歩の能力

これらを特殊に結びつけていく能力

スティーブ・ジョブズ

なのです。

つまり、イノベーションを生み出す人にとっては、それ以外のあらゆる点で賢明であることも、カリスマのような魅力を備える必要もありません。また、教養が高く、全般的に優れた人である必要もないのです。

このような理由から、時としてイノベーションに挑戦する人は社会的地位の高い人から理解されずに、「彼が挑戦していることなどできるはずがない」などと蔑(さげす)まれることもあるでしょう。

また、イノベーションを目指す人は本質的に"成り上がり者"であり、何ら伝統も持たず、それゆえ仕事を離れると指導者に似合わず神経質な面を見せることさえあるのです。

このような意味で、イノベーションを起こす人は"経済界の革命児"であり、時として自分の仲間からも拒否され、多くの実業家の間で歓迎されないことも起こりうるでしょう。

イノベーションに突き動かされる動機

イノベーションを成し遂げるためには、数々の困難が伴いますが、そ

の困難を乗り越え、これまで世の中になかったものを生み出す原動力は何なのでしょうか？

　それは、イノベーションを成功に導いて莫大な利益を上げようとか、社会のために大きな貢献を果たそうといった理由からではありません。

　実のところ、イノベーションの原動力となるのは"**利己的**"**な動機**といえます。

　イノベーションに取り組む典型的な人にとって、自分にこれから襲い来る困難を克服するための並々ならぬ努力は、それを乗り越えたときに得られる金銭的な報酬を目当てとするものではありません。

　多くの場合、そのような金銭的な報酬を気にかけることもないでしょう。それよりも「自分がやりたいから」という利己的な強い関心のみに従って、新たなものを生み出すことだけを目的に絶え間ない創造に取り組むのです。

　もし、イノベーションを目指す人が金銭的な報酬や、お金を手にすることによって実現される贅沢などを望むようになれば、それは衰退を意味します。もはやイノベーションを起こすことなどできなくなったといっても過言ではないでしょう。

　たとえ一度でもイノベーションを成功に導いた人でさえ、新たな創造にチャレンジせずに保守的となり、イノベーションを起こしたものの改良だけに取り組むようになると、イノベーションを起こす資格を失うことにつながっていくのです。

　事実、いったんイノベーションで成功した企業や人物が、成功してもなお、次々にイノベーションを起こし、長い間挑戦し続けるのは稀（まれ）なケースです。大半が事業的に成功を収めた途端に守りに入り、リスクを避けて小さな歩みしかできなくなるのです。

　やはり、イノベーションを継続的に起こし続けるには、常に過去の成功体験を捨て去る勇気を持ち、新たなものに好奇心を高めて、自身のやりたいことを追求し続ける必要があるでしょう。

「イノベーションを起こせる人物が偏狭な性格の持ち主だとはちょっと意外でした。加えて、視界の鋭さや独立独歩の能力を持ち合わせ、これらを特殊に結びつけていく能力が重要になってくるんですね」

「そう。イノベーションはこれまでにないことを成し遂げていく活動なので、普通では務まらないということです。ただ、誰もが意識して自分を変えていこうと思えば、必ずやイノベーションを起こす人物になれるということなのです」

「それを聞いて安心しました。それから、イノベーションの動機が『自分がやりたいから』という利己的なところも面白いですね。そういえば、スティーブ・ジョブズが製品を開発するときには"自分の欲しいものは何か？"という基準で開発をスタートさせると聞いたことがあります。これなども"利己的"な動機でイノベーションを起こした事例ですよね」

「そうですね。一般的には社会を変えようとか、ビジネスでお金を儲けようとか、そんな動機でイノベーションに取り組むことも多いかもしれませんが、究極には"自分がやりたいことかどうか"が重要になってくるんです」

「イノベーションの基礎的な概念がよくわかりました」

全員がそう言うと、１時間目の講義を各自ノートにまとめ始めた。

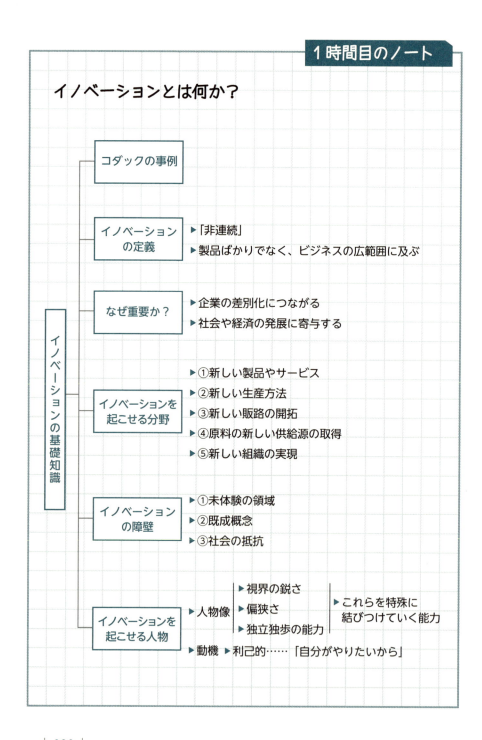

2時間目

ドラッカー教授に学ぶ
「イノベーションの起こし方」

ドラッカーです。2時間目は、イノベーションの起こし方を学びます。イノベーションを起こすためには、起業家精神を欠かすことができません。そして、その起業家精神を研ぎ澄ませば、イノベーションを起こす機会は身近なところにいくらでも存在するのですから、大きなビジネスチャンスをものにすることができるようになるのです。この講義では、イノベーションにつながる7つの機会から始めて、イノベーションを起こすための4つの戦略をお伝えします。

Peter Ferdinand Drucker
ピーター・F・ドラッカー

オーストリア生まれの経営学者。1937年にアメリカに移住後、経営大学院で教鞭を執るかたわら、数々の著作を執筆。ヨーゼフ・シュンペーターに多大なる影響を受けて確立した人間の本質に基づく経営の方法論は数多くの経営者に大きな影響を与える。隔年で発表される「最も影響力のある経営思想家」トップ50*において、2001年と2003年の2回連続で1位に選出された。

＊ Crainer Dearlove 社が行なっている『thinkers50』と呼ばれる一般投票によるランキング。

2時間目から、いよいよ個別の講義が始まろうとしていた。担当はドラッカー教授で、イノベーションの起こし方が学べる。席には、歴史ある家電メーカーの経営企画室で次の一手を模索する鈴木雄一が座っていた。

「鈴木さんですね？　あなたの会社は歴史もあるし、かつてイノベーションを起こした経験もある。ただ、どんな企業でもイノベーションを起こし続けなれば、いずれ強力なライバルが出現して市場から淘汰される可能性も否定できないんですよ。つまり、企業にとって重要なのは『イノベーションとマーケティングのサイクルを回し続けること』ということなんです」

「おっしゃるとおりです。わが社ではかつての花形製品も市場で飽和状態になり、売上も伸び悩んでいます。ただ、うちの会社の業績を長年支え続けてきた大黒柱だけに、それに頼り切ってしまい、次の主力製品を開発しようという意識が希薄になっているんです」

「それは、まずい状況ですね。たとえ業界のリーダーであっても、過去の成功の上に安住して新たなチャレンジをおろそかにすると、またたく間に窮地に陥ることも十分考えられるからね」

「私自身は危機感を常に持っているのですが、他の社員はまさか業界地図が短期間で塗り替えられることはないと安心しきっているんです」

「そうですか。あなたにはこんな話から始めましょう……」

Case　ユニクロの事例

小さな企業でもイノベーションを起こせば、業界地図を塗り替えられる

　ユニクロを展開する**ファーストリテイリング**は、2014年8月期には連結売上高がおよそ1兆4000億円にも達し、ZARAを展開するスペインのインデックス、スウェーデンのH＆M、アメリカのGAPに次いで、世界第4位のアパレル企業にまで成長しました。

　ファーストリテイリングの原点は、もともと山口県宇部市にあった1949年創業の小さな紳士服店。1972年に大学を卒業後、大手流通チェーンに就職していた店主の長男である**柳井正**氏が、サラリーマンが性に合わずに実家の家業を手伝うためにUターンしたのが転機になります。

　柳井氏は、当時、紳士服では洋服の青山やAOKI（アオキ）などの郊外型紳士服店が業容を急拡大し、地方の小さな紳士服店では太刀打ちできないとカジュアルウエア販売に方針を転換。1984年、広島市にユニクロの1号店を開店します。

SPA（製造小売）のビジネスモデルで成功

　ユニクロを劇的に変えたのが、そのビジネスモデルです。柳井氏は香港に視察に訪れた際に、世界有数のアパレル企業は「**SPA**」と呼ばれるビジネスモデルを採用していることに気づかされます。

　SPAとは「Speciality store retailer of Private label Apparel」の頭文字を取ったものであり、1社で商品の企画から製造、そして販売まで手がけるビジネスモデルです。アメリカのGAPがビジネスに取り入れて成功を収めると、大手のアパレル企業はこぞってSPAモデルを採用し

ました。

　従来アパレル産業では、企画・製造・販売部門はそれぞれの企業が受け持ち、企画段階から販売に至るまでに相当の期間を要していました。ところが、ファッションは流行性が強い製品であり、企画段階では流行の最先端でも製作に数か月を要していれば、時代遅れになって売れないリスクが高まってきます。

　それまでの販売形態は委託販売が主流であり、売れ残ればすべて返品されるなど、メーカーのリスクは高まります。そこで、当初から返品ロスを見込んで高めの価格設定を行なうので、価格と質が見合わないという問題も発生していました。

　柳井氏は、このような日本のアパレル業界における慣習が事業拡大を妨げていると確信し、SPAを自社に導入することを決断します。

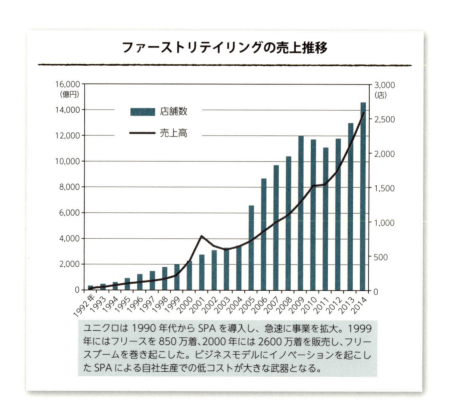

ファーストリテイリングの売上推移

ユニクロは1990年代からSPAを導入し、急速に事業を拡大。1999年にはフリースを850万着、2000年には2600万着を販売し、フリースブームを巻き起こした。ビジネスモデルにイノベーションを起こしたSPAによる自社生産での低コストが大きな武器となる。

SPAの導入により、小売業者としては売れ残っても返品できないというリスクを背負うことになりますが、店舗販売で得た顧客のニーズをいち早く製品開発に取り入れ、短期間で製品化することが可能になります。
　従来のビジネスモデルでは実現できなかった低価格と高品質という相反する条件をクリアし、顧客の支持を拡大していったのです。
　このSPAモデルは、素材の調達から、企画、開発、製造、物流、販売、在庫管理、店舗企画に至るまで、さまざまな工程を一つの流れにまとめ、サプライチェーン全体の無駄やロスを極小化するビジネスモデルにまで進化しています。
　一地方の小さな紳士服店だったユニクロは、日本においてアパレル業界の商慣習を否定し、ビジネスモデルにイノベーションを起こすことによって、世界でも有数の企業にまで上り詰めることに成功したのです。

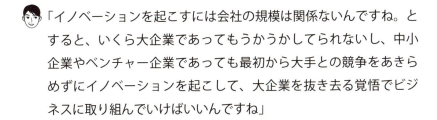

「イノベーションを起こすには会社の規模は関係ないんですね。とすると、いくら大企業であってもうかうかしてられないし、中小企業やベンチャー企業であっても最初から大手との競争をあきらめずにイノベーションを起こして、大企業を抜き去る覚悟でビジネスに取り組んでいけばいいんですね」

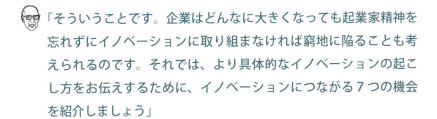

「そういうことです。企業はどんなに大きくなっても起業家精神を忘れずにイノベーションに取り組まなければ窮地に陥ることも考えられるのです。それでは、より具体的なイノベーションの起こし方をお伝えするために、イノベーションにつながる7つの機会を紹介しましょう」

ドラッカー教授に学ぶ

Section1　イノベーションにつながる7つの機会

イノベーションの"種子"は私たちの身近にあふれている

　イノベーションを起こすことはたしかにむずかしいですが、イノベーションの"種子"は案外、私たちの身近にあふれています。多くの起業家や企業は、そのチャンスをみすみす逃しているのです。

　ですから、イノベーションを起こそうと思えば、自身の身近な機会を分析することから始めるといいでしょう。自ら外に出て、見て、問い、聞かなければなりません。

　そして、焦点を絞って単純化していくことも必要です。まずは小さなことから始め、イノベーションを通して世の中に大きな影響を与えるために市場の支配を狙っていけばいいのです。

　イノベーションの機会は、次の7つの要因を分析することによって見出すことができます。

〈第1の機会〉
予期せぬ結果を利用する

　ビジネスを展開していれば、「予期せぬ結果」が出ることが多々あります。それは成功だったり、失敗だったりしますが、これらの結果を"異常値"ということで終わらせずに注意深く分析することで、イノベーションにつなげることができるようになるのです。

　予期せぬ結果は"市場の要求"の表われともいえます。トップマネジメント自らが、現場に足を運び、顧客をよく観察して、実際の声に耳を傾け、「顧客の真に望むものは何か？」を見極めることが重要なポイントになってくるでしょう。

また、「外部の予期せぬ変化」も、イノベーションの機会となります。企業にとって外部環境は常に変化し続けています。この変化を見逃さず、適切な対応を行なうことでイノベーションにつなげていくことができるのです。

ただ、外部の予期せぬ変化をイノベーションの機会として利用し、成功を収めるためには、「その機会が自らの事業の知識と能力に合致している」必要があります。

これまでの事業とまったく関係のないことを行なおうとしても、成功の可能性は低いということなのです。

〈第2の機会〉
ギャップを利用する

世の中には必ず理想と現実のギャップが存在します。このギャップを当然のことと受け入れず、解消するアイデアを検討することでイノベーションにつながっていくことがあります。

このギャップには「**業績ギャップ**」「**認識ギャップ**」「**価値観ギャップ**」「**プロセスギャップ**」の4つがあります。

①**業績ギャップ**
業績ギャップとは、ライバル企業が好景気にわいて業績堅調なのに自社だけが業績不振に陥っているという状況です。ですから、本来あるべき姿に近づけるためにイノベーションを起こす必要があるのです。

たとえば、**ヤマト運輸**は高度経済成長期の頃、業績どん底で浮上のきっかけを失っていました。そこで、それまで大手企業との契約で大口の貨物を運搬していた事業から、どの運送業者も扱っていない小口の荷物を全国規模で展開する物流のイノベーションに挑戦します。

その結果、生み出されたのが『宅急便』だったのです。

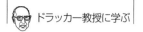

②認識ギャップ

　認識ギャップとは、企業が現実を誤って認識しているために業績が上がらない状況です。この認識ギャップを埋めるためのイノベーションは多くの場合、大きなイノベーションではなく、小さなイノベーションでも十分な効果が期待できます。

　たとえば、これまで食品などは大容量で単価が安いほうが売れやすいという認識が企業側にありましたが、ライフスタイルの変化によって一人で暮らす世帯が増加し、従来の容量の多いパックでは使い切れないことから、購入を躊躇する顧客も増えてきました。そこで、「販売方法を大容量から小分けにする」という小さなイノベーションでも、十分な効果を上げられるのです。

③価値観ギャップ

　価値観ギャップとは、企業の価値観をそのまま消費者の価値観と捉えることによって企業と顧客の間にギャップが生じている状態です。多くの企業は、いったん顧客とはこういうものだと決めつければ、なかなかその価値観を変更することがむずかしくなります。このような場合、イノベーションの芽を摘みかねないので注意が必要です。

④プロセスギャップ

　製品やサービスを顧客に提供するまでには複数のプロセスを経ることになります。たとえば、パソコンであれば、製品のデザインから始まり、部品調達、製造、物流、販売、アフターサービスなど、さまざまなプロセスを経て、ようやく顧客の満足を勝ち取ることが可能になるというわけです。

　この製品やサービスを提供するプロセスは、企業が最善と確信したものの積み重ねになりますが、時と場合によっては顧客が理想とするプロセスとギャップが生じることがあります。

　このプロセスギャップにいち早く気づき、たとえば、受注してから生

ギャップを利用する

業績ギャップ

他社が好調なのに自社のみが不調

認識ギャップ

企業が現実を誤って認識している

価値観ギャップ
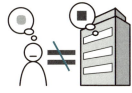
企業の価値観を顧客の価値観と勘違いしている

プロセスギャップ

現状のプロセスが理想のプロセスとかけ離れている

ギャップを埋める方法を考えていくことがイノベーションにつながる

産を開始するなど、従来とは真逆のプロセスでイノベーションを起こすことによって、コストを削減して低価格化を実現するなど飛躍的な業績の向上につながっていくのです。

〈第3の機会〉
ニーズを見極める

ニーズにもイノベーションの機会があります。ただ、ここでいうニーズとは一般的なものではなく、限定的なものです。**「プロセス上のニーズ」「労働力のニーズ」「知識上のニーズ」**という3つのニーズが当てはまります。

①プロセス上のニーズ

まず、プロセス上のニーズをイノベーションに利用する場合には、状況ではなく「課題」からスタートしていきます。

たとえば、顧客の書籍の購入という行動であれば、書店に足を運び、目当ての書籍を探し、購入するというプロセスになります。この顧客の行動には、まず書店まで足を運ばなければならないという課題と、書店で目当ての本がないかもしれないという課題が考えられます。

ですから、この課題に着目して、オンラインで数多くの書籍を販売するというイノベーションを起こしたのが **Amazon（アマゾン）** だったのです。

②労働力のニーズ

次に、労働力のニーズは、企業の「労働力を効率的にしたい」というニーズにフォーカスしていきます。企業にとっては、労働力は固定費のかかるリスク要因であり、できれば削減したいというニーズがあるのです。そこで、人手が必要だった作業を自動化させるようなイノベーションを起こせば、ただちに受け入れられて、業界標準として普及していく可能性も高くなるというわけです。

たとえば、かつて寿司屋では人が寿司を握るのが当たり前でしたが、回転寿司が普及した昨今、人が握るのと変わらないクオリティで何倍も生産性を高めたロボットが業界標準となっています。

③知識上のニーズ

最後に、知識上のニーズでは、顧客の課題を解決するために新たな知識を提供していくことになります。ただ、この知識上のニーズは利用がより困難であり、より大きなリスクを伴っています。

たとえば、**伊藤園**は世界初の缶入り煎茶を開発するにあたって、煎茶が缶の中で酸化しない知識を必要としていました。ただ、何度も試作を繰り返すものの、密閉する際にどうしても空間に酸素が混入してしまい、

ニーズを見極める

プロセス上のニーズ	労働力のニーズ	知識上のニーズ
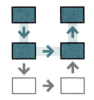		
当たり前と思われているプロセスで改善の余地はないか？	本来、人手が必要な仕事を効率化できないか？	企業が抱える課題を知識で解決できないか？

具体的なニーズにフォーカスして課題を抽出し、解決策を検討することでイノベーションを起こすことができる

酸化を食い止めることができなかったのです。

　ところがあるとき、製缶メーカーから密閉する前に窒素ガスを吹きかけると酸素の混入が防げるという技術情報がもたらされます。この技術を取り入れたところ、見事にこれまでの問題が解決して世界初の缶入り煎茶が誕生したのです。開発期間は実に10年を要しました。

　このように、知識上のニーズは解決するのが非常に困難であり、時間をかけても結果を出せないというリスクもあるのです。

〈第4の機会〉
産業構造の変化を捉える

　産業構造が変化する際にもイノベーションのチャンスが訪れます。産業構造はややもすると変化しないものだと感じる人も多いかもしれませんが、実のところ、産業や市場の構造は脆弱であり、小さな力によって

簡単にしかも瞬時に解体するものなのです。

　もし、産業構造の変化に際して、これまでの延長線上で同じビジネスを展開するようであれば、事業の継続が困難になるような事態を迎える最悪のケースも考えられます。

　ですから、産業構造の変化にあたっては、企業自らの変革が重要なカギを握るのです。それは、業界に関わるすべての人に**「起業家精神」**を要求することになります。

　あらゆる人が「わが社の事業は何か？」を問い、そして新しい答えを出すことがイノベーションにつながっていくのです。

〈第5の機会〉
人口構造の変化に注目する

　人口構造の変化は、どのような製品が、誰によって、どれだけ購入されるかに対して大きな影響を与えます。

　そこで、事前に人口構造の変化について分析しておけば、消費トレンドの変化を予測して、イノベーションを起こしてチャンスをものにできるようになります。

　この人口構造の変化の分析は、人口に関わる数字が重要なカギを握っています。ただし、人口の総数ではなく、年齢構成を重点的に分析すべきです。

　この人口の年齢構成に関して、とくに重要な意味を持ち、かつ確実に予測できる変化が、最大の年齢集団の変化、すなわち人口の重心の移動ということになります。

　たとえば、高齢者のニーズに対応した製品開発にいち早く取り組むなど、人口構造の変化に着目したイノベーションを起こすことが、今後の企業にとって命運を握る重要な取り組みとなるのです。

〈第6の機会〉
認識の変化を見逃さない

　たとえば、「コップに水が半分入っている」と「コップの半分は空である」は、表現は違いますがコップの中に入っている水の量は同じです。これは意識が水にあるのか、空間にあるのかという認識に大きな違いがあるがゆえの結果といえます。

　このように、人の意識が違えば、その考えに基づく行動も変わってきます。つまり、世の中の認識が「半分入っている」から「半分空である」に変わるとき、イノベーションの機会が生まれるのです。

　企業はこの外部環境として消費者の認識の変化を見逃さずに、イノベーションにつなげていかなければなりません。たとえ同じ製品であろうとも、消費者の認識に変化が読み取れればイノベーションの糸口になるということなのです。

　この世の中の認識の変化をイノベーションの機会として捉えるうえで、ライバル企業を模倣するのではなく、自らが最初に取り組まなければなりません。

　ただ、問題は認識の変化が一時的なものか永続的なものかはなかなか見極めがつかないところにあります。そこで、認識の変化に基づくイノベーションは、リスクを避けるためにも小規模かつ具体的に着手していく必要があるでしょう。

〈第7の機会〉
新しい知識を獲得する

　新しい知識によるイノベーションは、一般的に「発明」や「発見」と呼ばれるものであり、いわばイノベーションの最高峰といっても過言ではないでしょう。歴史を変えるようなイノベーションの中では、この知識によるイノベーションはかなり上位に位置づけられます。

しかし、イノベーションのもとになる知識は、必ずしも技術的なものである必要はありません。社会的な知識も同じかそれ以上に大きな影響をもたらすのです。

ただ、知識によるイノベーションはその基本的な性格、すなわち実を結ぶまでのリードタイムの長さ、失敗の確率、不確実性、付随する問題などが、他のイノベーションと大きく異なります。

また、新知識によるイノベーションが受け入れられるかどうかは、事前には誰も予測できません。もちろん、歓迎される場合もあるでしょうが、逆に、社会がイノベーションを待望していることが確実であっても誰も受け入れてくれないこともあるのです。

このような事実から、知識によるイノベーションを目指す企業は相応の覚悟を持って取り組む必要があるといえるでしょう。

「鈴木さん、7つの機会でイノベーションを起こすヒントはつかみましたか？」

「はい。これまでは漠然と何か新しいことをしなければと焦っていましたが、具体的にどのようなことに取り組めばいいのかが明確になりました」

「そうですか。それは良かった」

「後はどのようにして実行に移していくかが問題と考えています」

「続いて、イノベーションを起こすための戦略についてお伝えしましょう」

Section2 イノベーションを起こすための戦略①
総力による攻撃(総力戦略)はリスクとリターンが背中合わせ

　イノベーションにつながるアイデアは、前述のとおり、7つの機会を通して生み出すことができますが、実際にイノベーションを成功に導くには「戦略」が重要なカギを握ります。
　企業がイノベーションを起こす際の戦略は4つあります。

①総力による攻撃（総力戦略）
②弱みへの攻撃（ゲリラ戦略）
③ニッチの占拠（ニッチ戦略）
④価値の創造（顧客創造戦略）

　これらの戦略はいずれか一つだけでなく、それぞれに特徴的な長短があるので、これから起こそうとするイノベーションに応じて複数の戦略を組み合わせると、効果も高まります。

総力による攻撃(総力戦略)

　総力による攻撃（総力戦略）から見ていきましょう。この戦略においては、自社の持つすべての経営資源をイノベーションに投入していきます。企業の全精力を一つの事業に注ぎ込むために、成功すれば大きな果実を手にすることができますが、ひとたび失敗するとすべてを失い、二度と立ち上がることができない大きなリスクと背中合わせの戦略といっても過言ではないでしょう。

企業にとっては"のるかそるか"の最もギャンブル性の高い戦略なのです。

すべてを賭けてイノベーションに邁進(まいしん)することになるために、どんな市場であれ、支配することを目指していかなければなりません。

つまり、当初から野心的な目標を掲げて、総力を結集して戦っていかなければならないのです。この戦略は、常に新しい産業や市場そのものを創造するために用いられます。

また、この戦略ではこれまで業界の常識では考えられなかったものを創り出していくことを目的としているために、外部の素人が主導することによって成功を収めることがあります。

もちろん、一般的に同じ業界を長く経験すれば経験するほど専門知識が積み重なって、より高度なレベルで新たなものを生み出すことが可能になると思われがちですが、経験による常識が思考の足かせとなり、創造的なアイデアを生み出せなくなったり、これまで経験したことのないことを拒否したり、イノベーションにとっては障害になることも多々あるのです。

それよりも門外漢のほうが、これまでの業界の常識に囚われずに柔軟な発想が可能であり、これまで頭で考えてできないと行動すら起こさなかったことに果敢に挑戦し、革新的なものを生み出す可能性も高くなってくるのです。

全経営資源を注ぐことが重要

ただ、総力による攻撃は必ず成功しなければ、悲惨な運命が待ち構えています。つまり、"背水の陣"であり、万全の体制で臨まなければならないのです。ひらめきや思いつきで行動するような天才的なタイプの起業家では、成功はおぼつかないでしょう。徹底的な思慮深さと分析の正確性が成功のカギを握るのです。

この戦略では、組織に属する人全員が一糸乱れぬように、誰もが達成したいと思えるような具体的な一つの目標を掲げ、組織の全エネルギーを一点に集中させる必要があります。そしてひとたび成果が出始めたら、成功を加速させるためにさらに大量の経営資源を投入していくのです。

　そうすれば、成功もそう遠い先の話ではなくなるでしょう。ただ、運良く成功を収めたとしても、そこで一安心するのではなく、継続的に市場を支配する努力を怠らないようにしなければなりません。

　さもなければ、競合企業のために新たな市場を切り開いたようなもので、あなたの企業の成功を模倣して、マーケットシェアを奪い去ろうとする企業も現われることでしょう。つまり、イノベーションに成功を収めて市場をつくり上げることができたら、それまで以上に努力を積み重ねて、新しい製品の利用法を開発したり、新しい顧客を開拓したり、さらにイノベーションを促進していく必要があるのです。

　そして、何より重要なのは、自社で生み出した革新的な製品を自社自身の手で陳腐化し、間髪入れずに次世代の革新的な製品を生み出すスタートをすぐにでも切ることです。そのためには、最初に投入した経営資源以上のものを投入することが要求されるでしょう。

　また、革新的な製品を生み出した場合、ライバル企業のいない当初は高い価格で販売しても問題ないかもしれませんが、いつまでも高価格を維持することは競合企業の参入を許すきっかけと成り得るので注意が必要です。もし、価格を引き下げ続けることができるなら、競合企業の参入意欲を減退させ、長い間市場支配力を維持することも可能になるのです。

総力による攻撃は
失敗すると後がない

　総力による攻撃にはチャンスは一度しかありません。全精力を一つのイノベーションに傾けるために、成功すればもちろん得るものは大きい

ですが、失敗すればすべてを失うことにつながります。ですから、ハイリスク・ハイリターンの戦略といえるのです。

この総力による攻撃を行なうことを決めるときには相当の覚悟が必要です。絶え間ない努力をしなければ失敗に終わるでしょうし、イノベーションとして成功しても十分な追加資源を投入できなければ失敗してしまうこともあるのです。また、努力しても運に恵まれずに失敗することも考えられます。

このようなリスクを考えれば、総力による攻撃は企業の命運を賭けた大きなイノベーションのときだけに使うべきです。事実、この戦略が利用される機会は限定的であり、通常は他の戦略を優先して検討すべきです。それはリスクの問題ではなく、総力による攻撃に必要とされる労力やコスト、経営資源に値する大きなイノベーションなどほとんど存在しないからです。

これから起こそうとするイノベーションを的確に見積もって、本当に総力を結集して取り組むべきなのかを慎重に判断して決定を下す必要があるでしょう。

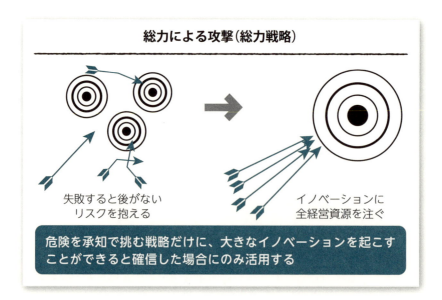

🧑「総力による攻撃は、成功すれば大きな果実を手にする一方で、失敗すればすべてを失うリスクも負わなければならないのですね」

👨‍🦲「そう。だから、社員が一丸となってイノベーションに取り組む必要があるんです。いわば"背水の陣"ということですね」

🧑「そういえば、シャープが液晶テレビでイノベーションを起こしたときに、他のすべてを捨ててまで取り組んだと聞いたことがあります」

👨‍🦲「そうですね。総力による攻撃を決断するときは、トップは不退転の決意を社員全員に示さなければならないということでしょう。たとえば、アサヒビールも『スーパードライ』を市場に投入するにあたって、古いビールはすべて廃棄してビール業界でのイノベーションに賭けたのです」

🧑「なるほど。総力による攻撃ではリスクを恐れずに自分たちが取り組むイノベーションが必ず成功するんだという強い意志が成功のカギを握るといえそうですね」

👨‍🦲「たしかにそのとおり。続いて次の戦略、弱みへの攻撃を見ていきましょう」

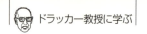ドラッカー教授に学ぶ

Section3 イノベーションを起こすための戦略②
弱みへの攻撃(ゲリラ戦略)には「創造的模倣」「起業家的柔道」がある

　弱みへの攻撃（ゲリラ戦略）には、「創造的模倣」と「起業家的柔道」という２つの戦略があります。

他社の成功例を真似る

　創造的模倣とは、厳密にいえばイノベーションを起こすことではありませんが、他社によって起こされたイノベーションを完成させていくという役割を果たして成功を収めていく戦略です。

　「創造的」とは新たなものを生み出すという意味ですが、「模倣」とは他者を真似るということであり、言葉自体は矛盾を含んでいますが、戦略としては的確に表現されています。

　この戦略においては、他社が起こしたイノベーションをベースに、短期間でより良い製品を生み出し、市場に投入していきます。この観点から、これを実行に移す企業は、イノベーションを起こした企業よりもそのイノベーションの重要性を理解し、より顧客のニーズに対応すべく創造的にイノベーションを進化させていかなければならないのです。

　実際に、かつて**松下電器産業**（現・パナソニック）はソニーが革新的な製品を生み出すのを待ち、市場に投入されるやいなや新製品を研究し尽くし、より市場のニーズに合った類似製品を市場に投入して大きく成功を収めてきました。この松下電器産業の戦略が、まさに創造的模倣といえるのです。

　この創造的模倣は、総力による攻撃と同じようにマーケットでトップ

を狙う戦略ですが、リスクを比較すれば圧倒的に低くなります。なぜなら、創造的模倣を行なう段階では、すでに他社が投入したイノベーティブな製品は市場に受け入れられ、一定の成果を収めているからです。

これまでにない製品を市場に投入する際には、顧客が本当に受け入れてくれるのか定かではありません。しかし、創造的模倣の場合にはすでに顧客が受け入れてくれることは明らかであり、より機能や利便性を高めたり、価格を低く抑えたりすることで、さらに多くの需要を取り込み成功することは、ゼロから始めるよりはむずかしいことではないのです。

つまり、短期間で他社が切り開いた市場を奪い、業界標準となることを目指していくのです。

創造的模倣とは、他社の失敗に乗じてイノベーションを生み出す活動ではありません。逆に他社が成功しているときにうまくいく戦略なのです。

「顧客視点」から スタートする

一般的に、イノベーションを起こす企業は、すべてを理解し、自社だけで実現するものだと考えがちですが、実際には見落としていることも多々あるのです。その先駆者が見落としているピースを見逃さずに、後発者として欠けているものを埋めていくことができれば、イノベーションがより完成形に近づいて、顧客に歓迎されるということなのです。

とくにハイテク製品のイノベーションはプロダクトアウトで、生産者が革新的な製品を世に送り出そうという視点で製品開発からスタートすることが一般的です。これまでにないものを生み出していくのですから、顧客にいくら聞いたとしても、アイデアが出てくることはほとんどないためです。

一方で、創造的模倣は**「顧客視点」**からスタートします。顧客の声に真摯に耳を傾け、イノベーションによって生み出された荒削りな製品の

不満点を一つひとつ浮き彫りにしていきます。そして、短期間で顧客の不満点を解消する改良した製品を市場に投入して、成功を収めていくのです。

この観点から、創造的模倣は決してイノベーションを起こしたライバル企業の顧客を奪っていくというわけではないことに気づくでしょう。ライバル企業がつかみ損ねた多くの顧客を引きつけて急成長を実現させていくのです。

創造的模倣をリスクの観点から見れば、総力戦ほど大きくはないといえるでしょう。すでに市場は立ち上がっていて、どのくらいの需要があるのかは調査すれば明確になるからです。

もちろん、創造的模倣においても市場を支配することを目指していきますが、総力戦に比べれば大きな市場でなくても構いません。ライバル企業のイノベーションにアンテナを張り、大きな取りこぼした市場がないかを把握し、俊敏に対応していく機動性が重要なカギを握るのです。

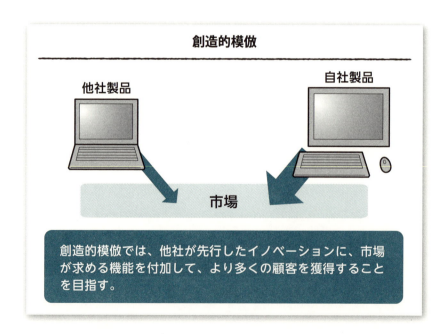

創造的模倣では、他社が先行したイノベーションに、市場が求める機能を付加して、より多くの顧客を獲得することを目指す。

大手企業の隙を突いて
市場に参入する

　起業家的柔道とは、大手企業の隙を突いて市場に参入し、相手の懐で何もさせずに勝利を収めていく戦略です。

　たとえば、かつて複写機のマーケットではアメリカのゼロックスが圧倒的なシェアを誇り、業界のリーダーとして君臨していました。複写機が「ゼロックス」と呼ばれ、代名詞になっていたことからも、その支配力の高さがうかがえます。

　この複写機業界の巨人に、個人向けの小型プリンターという製品で戦いを挑んだのが、日本の**キヤノン**です。ゼロックスは、性能の低い個人向けの小型プリンターなど売れるわけがないと、キヤノンのビジネスにはほとんど注意を払うことはありませんでした。ところが蓋を開けてみれば、個人向けの小型プリンターは市場で受け入れられ、ゼロックスが支配していた複写機マーケットにキヤノンは食い込み、風穴を開けることに成功したのです。

　この起業家的柔道は最もリスクが小さく、最も成功しやすい戦略といえます。しかしそれは、市場を支配する相手企業に次の５つの特性がある場合です。

①傲慢な態度を取っている

　市場を支配する企業は、業界のリーダーだけにプライドが異常に高いのが特徴です。「自分たちが常に業界をリードする技術を開発していくんだ」という自負があります。ですから、他社が開発した技術や製品の価値を低く見積もる傾向があります。ましてや、他社の技術に追随しようなどという気は毛頭ないのです。

②利益を最も重視している

　市場を支配する企業は、高い利益率を求めます。取るに足らないマー

ケットや収益率の低い事業には関心を示さないのです。たとえば、前述したゼロックスは、大量にコピー機を購入してくれる大口ユーザーや高機能で高価なコピー機を購入してくれる顧客にターゲットを絞っていました。このような顧客を相手にするビジネスは効率がよく、高収益を実現できます。キヤノンが狙った個人では、低価格で多くの顧客を対象にしなければならず、事業効率の面からも優先順位は低くなるのです。

③製品の価値を誤解している

　価値に対する誤解も大きな弱みとしてあります。製品やサービスの価値は供給者が決定づけると勘違いしているのです。製品やサービスの価値は顧客が見極め、その価値に対して対価を払うのです。企業側は機能は多ければ多いほど価値が高く、高価格になるのは仕方がないと考えるものですが、顧客側は不要な機能は価値として評価対象とせず、不要な機能がたくさん付加された価格の高い製品であれば、相対的に低い価値の評価につながっていくのです。

④創業者利益に甘んじている

　市場を切り開き、支配した企業にとっては、競争という意識が低く、高い利益を実現するために割高な価格設定で事業を展開しようと試みます。ここに隙ができる一因があります。競争を意識しない価格設定は、新規参入者に付け入る隙を与え、低価格を武器に参入してきた企業が市場を席巻する可能性も高まってくるのです。このような意味で、創業者利益は、たしかに現在では企業の栄華を示す証かもしれませんが、現状に甘んじれば、それは取りも直さず自社にとって脅威となるのです。

⑤過剰な機能を追求している

　価値の誤解と関連して、市場を支配する企業は過剰な機能を追求していくことも、起業家的柔道戦略を採用する企業に打ち負かされる要因です。これは製品の最適化ではなく、最大化を求めることから起こります。

イノベーションの起こし方

起業家的柔道

- 傲慢な態度を取っている
- 利益を最も重視している
- 製品の価値を誤解している
- 創業者利益に甘んじている
- 過剰な機能を追求している

大手企業の隙をついて、相手に何もさせずにイノベーションを推進していく起業家的柔道戦略は、相手企業に次の5つの条件が揃うと成功の確率が高くなる

市場が大きくなるにつれて、顧客から求められる機能が多くなります。そこで、機能を追加していった結果、逆に多くの顧客に必要のない機能が増え、価値に見合わない価格設定となり、他社に付け入る隙を与えます。本来であれば、市場を細分化してターゲットを絞り込み、製品を最適化して対応しなければならないのですが、規模を追求するリーダーでは市場を小さくすることができないのです。

起業的柔道戦略を成功に導くには？

　市場を支配している企業は、組織が肥大化し、価値観が固定化する傾向があります。とくに市場や産業が急速に構造変化する場合には、新規参入者に大いなるチャンスが訪れます。市場を支配している企業は小回りが利かずに、変化に対応できない場合が多いのです。

新規参入者はこのチャンスを見逃さず、従来の製品とは差別化された製品を市場に投入してトップの地位を目指し、やがては市場の支配を狙っていかなければなりません。

起業家的柔道戦略を成功に導くには、入念な分析からスタートします。業界やメーカー、取引先、商習慣、既存企業の経営政策など、多岐にわたって調査分析する必要があるのです。

そして、その後に市場を調査して起業家的柔道戦略に対する抵抗が小さく、成功しそうな分野を見つけていけばいいのです。

ただ、重要なのは「**すでに業界を支配している企業と正面から戦わないこと**」です。もし、トップ企業がどんな小さな脅威でも見逃さずに対応してくるような業界では戦わないほうが賢明です。隙のある業界を見極めて、弱みを攻撃していくことが成功のセオリーとなるのです。

「相手の弱みに乗じてイノベーションを成功に導くには、『創造的模倣』と『起業家的柔道』という2つの戦略があるんですね」

「そうです。そして、これらの戦略はリスクが低いのが特徴なのです」

「創造的模倣は、最初に成功したイノベーションを補完して市場を拡大していく戦略ですし、起業家的柔道は、大企業の隙を突いて大企業が見過ごしている市場でイノベーションを起こす戦略ですからね」

「ライバル企業が気づかないうちに市場の支配を目指す強力な戦略といえるでしょう。続いて、ニッチを狙う戦略を見ていきましょう」

Section4　イノベーションを起こすための戦略③

「関所戦略」「専門技術戦略」「専門市場戦略」でニッチを占拠する（ニッチ戦略）

　ここまでの総力による攻撃や弱みへの攻撃は、大きなマーケットの中で、イノベーションを活用してトップを目指していく戦略でした。一方で、大きな市場ではなく、限られた市場を独占することを目指していく**ニッチの占拠（ニッチ戦略）**もあります。

　総力による攻撃や弱みへの攻撃に成功すれば、巨大企業となって、経済界でも一目置かれる存在となります。しかし、ニッチの占拠では名よりも実を取る戦略であり、成功しても目立つ存在とはなり得ません。

　ただ、限定的な市場で競争とは無縁であり、高い収益力を実現できるようになります。

　ニッチの占拠には特徴に応じて、**「関所戦略」「専門技術戦略」「専門市場戦略」**の3つの戦略があります。

プロセスの一部として必要な部分を探す

　関所戦略とは、製品の製造過程で必要な部品や原材料の供給を一手に引き受ける戦略です。

　たとえば、スマートフォンなどは数多くのパーツからできていますが、すべて1社の部品でできているわけではありません。カメラ部分はソニーであったり、液晶部分はシャープであったり、複数の企業から部品を調達して一つのスマートフォンが完成することになります。

　ここで仮にスマートフォンを生産するのに必要な部品を特許に基づいて生産する部品メーカーがあれば、スマートフォンの生産者は必ずその

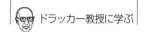

部品メーカーの製品を使用しなければ最終製品を完成することができません。

このように、どんな製品であれ、必ず自社製品を使わなければ最終的に製品になり得ない"関所"の役割を果たす製品をイノベーションを通して開発し、小さな市場の独占を目指していくのです。

この関所となるようなニッチ市場を見つけることは困難を極めます。なぜなら、自社にとって強みが活きる望ましい場所で、なおかつ最終製品を完成させるために必要不可欠なものでなければならないからです。そして、市場的には小さく、ライバル企業が積極的に参入しようと思わない規模でなければなりません。

また、ひとたび関所となるようなニッチ市場を見つけて独占できたとしても、最終製品を生産しているわけではないので、自社の都合で需要を高めていくことはできません。あくまでも最終製品の需要に応じて自社の生産量が決定されるのです。

関所戦略ではニッチな市場を独占するという意味で、販売先へは強気の価格交渉もできますが、あまりに許容範囲を超える価格設定がなされれば、最終製品への価格の影響もあり、最終製品の生産者は関所戦略で成功を収めている企業との取引を見直し、代替部品を開発するなどして取引がなくなる可能性も十分に考えられるので、慎重を期すべきでしょう。

他の追随を許さない
専門技術を持つ

専門技術戦略は、関所戦略よりも大きなニッチ市場を対象に専門技術を磨いて市場の支配を狙っていく戦略です。

たとえば、半導体のインテルを知らない人は少ないでしょうが、半導体を製造する工程でシリコンウェハーをさいの目に切り分ける「ダイシングソー」（シリコンウェハーの加工装置）を生産している**ディスコ**と

いう日本の企業を知っている人はそんなに多くないかもしれません。

ただ、このディスコはダイシングソーの世界シェアで8割ほどを占めるリーディングカンパニーなのです。ディスコは"Kiru""Kezuru""Migaku"という3つの分野で専門技術を磨き、そのニッチなマーケットで圧倒的なポジションを築いてきました。その技術力の高さで常に最先端を行き、インテルなどの主要取引先の無理な注文でもクリアするなど、ライバル企業が追随する気さえ起きないほどの目覚ましい技術力の進化を実現しています。

このような専門技術戦略によるニッチ市場を攻略するには、タイミングが非常に重要になってきます。新しい産業や新しい習慣、新しい市場、新しい動きが生まれるタイミングを逃さずに参入していく必要があるのです。

たとえば、ディスコも1968年に「ミクロンカット」という技術の開発に成功するのと時を同じくしてカリフォルニア州に現地法人を設立、のちにシリコンバレーとしてハイテク関連の企業が集積する地でいち早く事業を開始しているのです。

また、専門技術によるニッチ市場は偶然見つかることはあり得ません。専門技術を磨き続けるという不断の努力でイノベーションの機会を体系的に探さなければならないのです。

たとえば、ディスコの場合は"Kiru""Kezuru""Migaku"という技術でした。半導体の生産には非常に精密な"切る""削る""磨く"という技術が求められます。そして、半導体という産業が起こる前までに高い技術を磨いていたディスコは、シリコンウェハーの加工装置というビジネスにチャンスを見出したのです。

ですから、この専門技術戦略が成功する条件として、第一に、**新たな産業や市場が生まれたときに専門的技術による機会を探さなければならない**ということが挙げられます。

第二に、**独自で異質の価値の高い技術を持っていなければならない**ということでしょう。

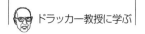

第三に、**その技術をさらに高めていく**ということです。

そうすることで、取引先からは絶大な信頼が寄せられ、ライバル企業の参入する意欲を削ぐことも可能になるのです。

【専門技術戦略が成功する条件】
①新たな産業や市場が生まれたときに専門技術による機会を探さなければならない
②独自で異質の価値の高い技術を持っていなければならない
③上の②の技術をさらに高めていく

専門技術戦略には限界がある

ただ、このような専門技術戦略にも限界があります。それは第一に、**事業の焦点が絞られる**ということです。たとえば、ディスコでは"Kiru""Kezuru""Migaku"という技術に絞られています。マーケットにおける支配的な地位を維持していくためにはこの専門的な技術を突き詰めていかなければならないのです。

第二に、**自社のみでは事業を存続させることができずに、他社に依存しなければならない**という点です。専門技術戦略を採用する企業はあくまでも"黒子"であり、目立った存在ではありません。たとえば、ディスコもインテルなどの半導体を製造する企業をサポートする存在なのです。

第三に、最も大きなリスクとして**専門技術が専門技術でなくなり、一般技術になってしまう**場合が挙げられます。

たとえば、半導体の世界でイノベーションが起こり、高度な"Kiru""Kezuru""Migaku"という技術を必要としない方法が開発されたとしましょう。そうすると、一般的な技術でも最先端の半導体をつくれるよう

になり、支配的な地位が一瞬のうちに危うくなるのです。

とはいえ、このような限界を加味しても、専門技術による戦略は非常に強固です。急成長する技術や産業、市場においては最も有効な戦略といえるでしょう。

【専門技術戦略の限界】
①事業の焦点が絞られる
②自社のみでは事業を存続させることができずに、他社に依存しなければならない
③専門技術が専門技術でなくなり、一般技術になってしまう

他社を寄せつけない知識やネットワークを持つ

専門市場戦略は、専門技術戦略が特定の技術で他社を寄せつけずにニッチ市場を支配するのと同じように、特定の市場で知識やネットワークを深めて、ニッチ市場を支配していく戦略です。

つまり、専門技術戦略と専門市場戦略の違いは、製品やサービスの専門知識にフォーカスするか、市場の専門知識にフォーカスするかということになります。他の点についてはこれら2つの戦略は変わることはないのです。

たとえば、中堅・中小企業の友好的M&Aに特化した企業に**日本M&Aセンター**があります。通常、企業の買収や合併といえば、大企業同士が合併したり、大企業がベンチャー企業を買収したり、主なマーケットは大企業向けです。しかし、日本M&Aセンターではマーケットを中堅・中小企業に絞り込むことにより、銀行や証券会社など強力なライバルとの争いを避けて、ニッチ市場で競争を優位に展開しようとしているのです。

中堅・中小企業では、後継者問題などで経営者が事業を売却したいというニーズが少なからずあります。このような全国のM&Aを希望する経営者の声を集め、売りたい企業と買いたい企業のネットワークを組織化することにより、市場での知識を磨き続けて優位な地位を築いていくのです。

専門市場戦略は、専門技術戦略と同様、環境の変化に敏感でなければなりません。新しい産業や市場の動きに目を光らせ、市場でのニーズが高まる前に参入し、パイオニアとして市場での知識を常に磨いていく必要があるのです。

また、専門市場戦略にも大きなリスクが考えられます。それは、専門市場が大衆市場に変化する場合です。専門市場であれば、高いレベルの市場知識が求められるために先行して知識を蓄積してきた企業が有利で

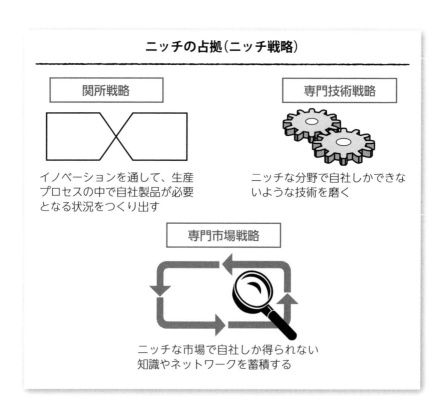

すが、ひとたび専門市場が大衆化すれば、その知識は一瞬にしてその優位性を失ってしまいます。

たとえば、現在は中堅・中小企業のM&Aというのは、一般的ではなく限られた案件を専門的な知識を持つ企業が仲介するという状況ですが、小規模な企業のM&Aがより大衆化し、インターネットなどを介してどんな企業でも手軽にできるようになれば、これまで蓄積してきた知識やネットワークはその価値を失い、マーケットでの優位性はもろくも崩れ去ることは十分に考えられるのです。

「ニッチを狙う戦略は、これまでの総力による攻撃や弱みへの攻撃という2つの戦略が大きな市場を狙うのに対して、限られた市場で独占することを目指していくんですね」

「ええ、決して目立たずに小さな市場での独占を実現していくのです。特定のプロセスや専門技術、専門市場でイノベーションを起こして圧倒的な優位性を築くことができれば、事業を成功に導いていくことも容易になるでしょう。ただ、市場が小さいだけに市場に変化が起これば、危機的な状況に陥ることも十分考えられます」

「とくに技術や市場が大衆化してしまえば、自社の存在意義自体が薄れてしまうので、注意が必要ということですね」

「そう。ニッチ戦略を採用している企業は、常に技術や市場が大衆化される流れがないかどうかをチェックしておかなければならないということです。それでは、戦略の最後として価値の創造についてお伝えしましょう」

ドラッカー教授に学ぶ

Section5　イノベーションを起こすための戦略④

価値の創造（顧客創造戦略）は「効用戦略」「価格戦略」「顧客戦略」「価値戦略」の4つ

　イノベーションでは、もちろんこれまでに世の中になかった製品やサービスを生み出すこともできますが、すでに世の中に存在する製品やサービスから新しいものを生み出していくこともできます。

　それは、利便性や価値、もしくは経済的な特性かもしれません。最終的な製品やサービスには何ら変化がなくても、経済的にまったく新たな価値を創造していけばいいのです。

　重要なのは、イノベーションによって「顧客を創造する」ことです。この顧客の創造こそが、常に事業が目的とするものであり、さらにいえばあらゆる経済活動の究極の目的となるものだからです。

　企業がそのイノベーションを起こして顧客を創造するために、「**効用戦略**」「**価格戦略**」「**顧客戦略**」「**価値戦略**」の4つの戦略が活用できます。

顧客の利便性を飛躍的に高める

　効用戦略とは、顧客の利便性を飛躍的に高めて製品やサービスの利用を爆発的に普及させ、世の中に大きな変化をもたらす戦略です。

　これは何も新たな製品でなくても構いません。すでに世の中に生み出されている製品やサービスでも、何らかの障害があって普及していないものもあるでしょう。そのような製品やサービスについて仕組みを変えることで急速な普及を促し、世の中を変えていくのです。

　たとえば、郵便制度は古代ローマ時代から存在していましたが、その

当時の郵便の料金は受取人払いで距離と重さによって決まっていました。そして、1件1件配達するために料金が高く、時間もかかっていました。そこで、近代的な郵便制度の生みの親であるローランド・ヒルは料金を差出人負担で前払いとし、切手を貼ってポストに投函さえすれば相手に郵送されるという仕組みをつくり上げました。料金が劇的に下げられると、流通量も格段に増えました。

このようにして、誰でも気軽に郵便が利用できるようになり、これまでは料金の高さから躊躇していた書類なども郵送されるようになり、世の中のモノや情報の流れに大きな変化が起こったのです。

このような効用戦略を考える場合には、「**顧客が真に求めている製品やサービスは何か？**」「**どのようにすれば顧客の利便性を飛躍的に高めることができるか？**」を顧客の立場に立って考え抜いていくことが重要なカギを握ります。

ニーズを満たした対価として料金を徴収する

価格戦略では、モノの対価としてではなく、ニーズを満たした対価として料金を徴収するという、これまでにない価格設定でイノベーションを起こし、自社製品やサービスの普及を図っていきます。

たとえば、個人向けプリンターはいまやわずか数千円から購入することができますが、プリンターメーカーにとって、プリンター本体が売れたとしてもそうそう儲けの出ない価格設定になっています。メーカーはプリンター自体を売って儲けを出すという考えではなく、顧客に手軽にそして安価にプリントアウトするという行動に対して対価を求め、長期間の使用によって収益を上げていくという価格設定を行なっているのです。

つまり、より具体的にいえば、プリンター自体は利益につながらなくてもプリントアウトの際に消費されるインクで収益を上げていくという

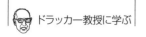

戦略になります。

　顧客は、たとえば1枚当たりのプリントアウト費用が10円程度であれば、1回当たりわずかな費用負担で作業の圧倒的な効率化を図ることができます。最初に数千円を本体代金として払い、追加のインク代を定期的に支払ったとしても、得られる利便性に比べれば安いものだと考えるのです。このようなプリントアウト1回当たりの対価が積み重なって、企業の収益へとつながっていくわけです。

　もちろん企業とすれば、最初にプリンター本体を販売する際に、相応の利益を上乗せして価格を設定することもできるでしょう。ただ、高い価格設定は顧客の購買に対するバリア（障壁）となり、プリンター自体が売れずに、ニーズを満たした対価として料金を徴収する価格戦略よりも収益性は低くなることも十分にありえるのです。

　このような観点から、価格設定を企業の都合ではなく消費者のニーズに合わせることによって購入される可能性も高くなり、自社製品が急速に普及して、長く安定的な収益基盤を築くことができるようになるのです。

顧客の都合に応じて
ビジネスの形態を変える

　顧客戦略では、顧客の都合に応じてビジネスの形態を変えていきます。たとえば、どんなに革新的な製品を市場に投入したとしても、顧客が年間の予算オーバーだったり、十分な資金を持っていなかったりした場合は、購入されることはありません。

　企業側の都合とすれば、多額の費用をかけてリスクを承知のうえで開発した新製品ですから、相応の対価をいただくことは当然と思っているかもしれません。

　ただ、自社の都合だけでは、製品が売れ、しかも世の中に広く普及させることはむずかしいといっても過言ではないでしょう。やはり、顧客

の事情を汲み取ったうえで、顧客の都合に合わせてビジネスを変化させていく必要もあるのです。

そのような観点に基づいて考えられた仕組みが、分割払いやリースといえます。分割払いであれば、年間の予算オーバーで一気に支払うことのできない顧客でも、定期的に決まった額を分割して支払えば予算内に収まることもあるでしょうし、リースにすれば費用として対価を支払うことより新製品を導入しやすくなります。

顧客戦略では、このように顧客の立場に立って都合の良いものは何なのかということを考えて、購入に対するハードルを引き下げていく必要があるのです。

モノではなく価値を売る

価値戦略とは、企業は製品やサービスを売るのではなく、顧客が製品やサービスを購入することによって得られるベネフィット、すなわち顧客にとっての価値を売るという考え方です。

ハーバード・ビジネス・スクールのセオドア・レビット教授の有名な言葉に「**ドリルを買いに来た人が欲しいのはドリルではなく穴である**」というものがあります。つまり、企業は製品やサービスを売るのではなく、それを購入することによって顧客が実現できる"何か"を販売しなければならないのです。

価値戦略では、この顧客の求めている"何か"を明らかにすることが重要なカギを握ります。

たとえば、**エーワン精密**という工作機械の部品を製造する企業があります。エーワン精密でつくられている部品は、他社ではできないようなオンリーワンのものではありませんが、他社よりも高い価格でも毎日次々と注文が舞い込んできます。創業以来39年間の経常利益率は平均で40％にも達し、同業では赤字の企業が多い中、ずば抜けた収益力を

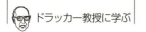

誇ります。

このエーワン精密の成功の背景には、顧客にとっての価値を見極め、他社が真似できないような仕組みを築いた価値戦略があります。レビット教授流にいえば「顧客が欲しいのは工作機械の部品ではない」ということなのです。この考えに立てるかどうかで、大きく結果に開きができるのです。

一般的に工作機械の部品は受注してから生産を開始し、1週間程度で顧客の手元に届きます。ところが、顧客は部品が到着するまで機械を止めなければならず、大きな損失につながっていくのです。

一方で、エーワン精密は部品を途中まで加工した段階で在庫として保管し、顧客の注文を受けたら即座に最終工程まで仕上げて、注文の7割ほどは即日に配送を行なうのです。顧客は、納期が短ければ短いほど事

価値の創造（顧客創造戦略）

1 > 効用戦略
顧客の利便性を
飛躍的に高める

スマートフォン

2 > 価格戦略
モノの対価としてではなく、ニーズを満たして対価として料金を徴収する

レンタカー

3 > 顧客戦略
顧客の都合に応じてビジネスの形態を変える

 一括払い 分割払い リース

4 > 価値戦略
製品やサービスが与える価値に重きを置いてビジネスを展開する

ドリルではなく
穴を売る

業ロスが少なくなるので、幾分かのプレミアムを払っても十分にお釣りがくるというわけです。

このように、顧客にとっての価値にフォーカスし、顧客に価値あるものを提供する価値戦略を駆使することによって、イノベーションを成功に導くこともできるようになるのです。

🧑「イノベーションを起こすためには、決して新たな製品やサービスを検討する必要はないんですね。顧客の効用を高める方法を考えたり、これまでにない価格の決定法を生み出したり、顧客の都合に合わせてビジネスの形態を変えたり、どんなベネフィットを提供すればいいかを考えたりすればいいわけですね」

👨‍🦲「そうです。そしてこれらの戦略を自社の置かれた環境に応じて適切に組み合わせることにより、イノベーションを成功に導く可能性が飛躍的に高まることにつながるのです」

🧑「ありがとうございます。講義を受けて、何だか私もイノベーションに取り組む意欲がわいてきました。必ずやイノベーションを成功させてわが社を再度、成長軌道に導いてみせます！」

👨‍🦲「鈴木さん、その意気です。イノベーションを起こすにはどんなに大企業でも起業家精神を忘れてはいけないのです。ぜひともあなたからの朗報を待っています」

鈴木はドラッカー教授の教えを忘れまいと、ノートにしっかりと書き写した。

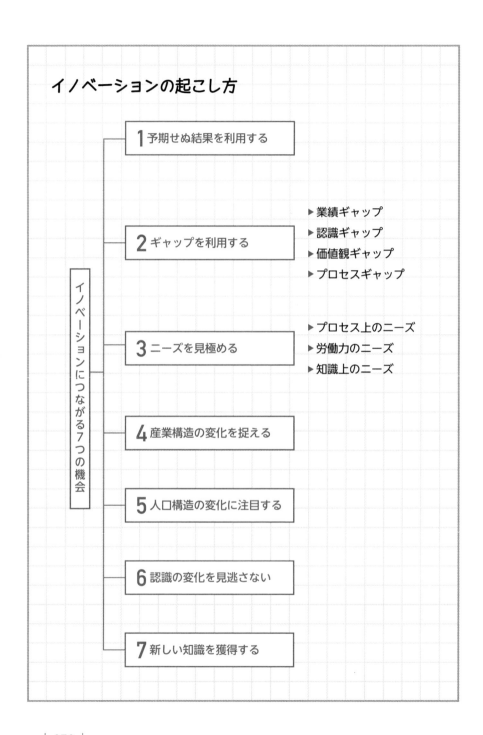

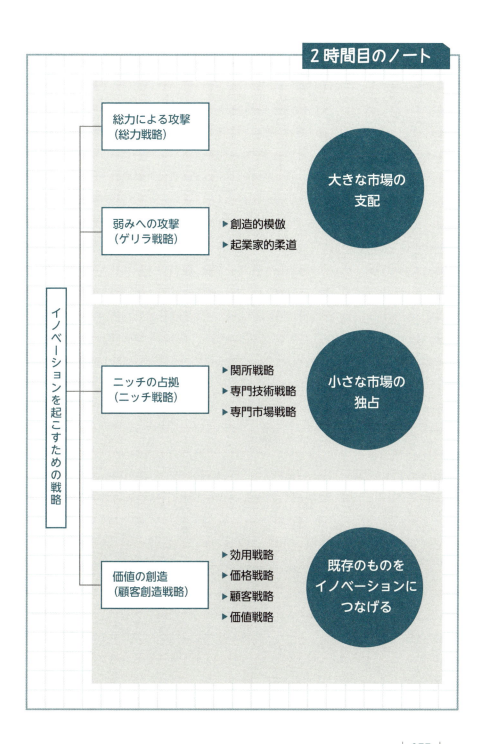

3時間目

クリステンセン教授に学ぶ
「破壊的イノベーション」

　3時間目を担当するクリステンセンです。市場を支配する企業に対して、破壊的なイノベーションで市場を奪っていく戦略をお伝えします。この破壊的イノベーションが強力なのは、いかに市場のトップに君臨する企業が新興企業の戦略に気づいたとしても、対抗策を持たずに攻勢を許してしまうところにあります。もし、新興企業が破壊的イノベーションに取り組むなら、短期間でマーケットのトップに立つことも決して夢物語ではありません。

Clayton M. Christensen
クレイトン・M・クリステンセン

ハーバード・ビジネス・スクール教授。2011年に上梓した『イノベーションのジレンマ』で一躍脚光を浴び、イノベーション研究の第一人者としての地位を確固たるものにした。隔年で発表される「最も影響力のある経営思想家」トップ50において、2011年と2013年の2回連続で1位に選出されている。

クリステンセン教授に学ぶ

　3時間目はクリステンセン教授の講義だ。受講生は、スマートフォンの生産を手がけるベンチャー企業を率いる佐藤健二。スマートフォンの急速な普及でチャンスありと参入したものの、計画どおりに事業が進んでいない。その問題を解決できる「破壊的イノベーション」が学べると、佐藤は期待に胸を高鳴らせていた。そして、クリステンセン教授がドアを開けて姿を現わした……。

「佐藤さんは新興企業の経営者で、リーダーの市場支配に風穴を開けるべく、この講義に参加したということですね」

「はい。成長分野での事業に大いなるチャンスがあると思い、スマートフォンのメーカーとしてビジネスを展開しているのですが、AppleのiPhoneがマーケットを支配していて、その牙城をなかなか切り崩すことができずに苦戦しているのが現状です。会社自体は、スマートフォンの企画やデザインに特化し、台湾のメーカーに全面的に生産を委託するファブレス企業のビジネスモデルで展開していて、工場や人材を抱えていない分、低コストでの生産も可能です。ですから、Appleを超えるようなイノベーションを起こして、市場でのプレゼンスを高めるヒントがあればと思い、受講を決意した次第です」

「なるほど。佐藤さんの高い目標はわかりました。日本のスマートフォン市場でAppleを追い抜くことは至難の業ですが、決して不可能なことではありません。それでは、希望を持っていただくために、こんな事例を紹介しましょう」

破壊的イノベーション

Case　シャオミの事例

低価格を武器に
中国のスマートフォン市場でトップを奪取

　2014年、中国のスマートフォン市場で大きな異変が起こりました。これまで中国のスマートフォン市場では韓国の**サムスン電子**がリーダーとして君臨していましたが、2014年の第2四半期にそのサムスンが前年同期比15％減の1320万台と大きく出荷台数を減らす一方で、中国の新興企業である**シャオミ**が240％増の1500万台と中国のスマートフォン市場で初めて首位に躍り出たのです。

　シャオミは、マイクロソフトやGoogle、モトローラなどに勤務していた7人のエンジニアが集まり、2010年4月に設立したベンチャー企業ですが、2010年6月には初代のスマートフォンの設計に取りかかり、巨大な中国のスマートフォン市場への参入を目指すことになります。

　そして、開発からわずか2年後には中国での販売台数が719万台に達し、翌2013年には倍以上の1870万台まで伸ばすことに成功します。そして、ついに2014年の第2四半期には3か月間で1500万台と大幅に販売台数を増やし、わずか4年で巨大な中国市場でトップに立つ偉業を成し遂げたのです。

中国スマートフォン企業の
破壊的イノベーション

　シャオミ快進撃の背景には、AppleのiPhoneやサムスンのGalaxyに決して引けを取らないクオリティのスマートフォンを驚くべき低価格で提供するビジネスモデルがあります。

　シャオミでは、スマートフォンの設計は自社で行ない、部品は最新技

081

術を有するサプライヤーから調達するなど、品質には妥協を許さず最高品質の製品を目指しています。一方、価格はiPhoneの5分の1程度であり、実際のところ、この価格では部品代を回収できるどころか原価割れすることさえあるのです。

　そこでシャオミは、品揃えを限定し、製品のライフサイクルを長くするなど、まずは徹底的にコストダウンを図ります。また販売面では、大々的にプロモーションを展開してブランドの浸透を図ったうえで費用対効果に優れたインターネット販売に特化しています。

　このインターネット販売では、数量を限定してユーザーの購買意欲をあおると、わずか数秒で4万台を売り切るなど驚異的な販売手法で販売台数を積み重ねているのです。そして、この累計販売台数の積み重ねがシャオミの収益を上げるカラクリともいえます。

　シャオミは、自社端末のプラットフォーム上でAppleやAmazonのようなエコシステムを展開し、長期的な売上増につなげていくことを狙っています。つまり、シャオミのスマートフォン利用者が増えれば増えるほど売上が急激に伸びていくことにつながる仕組みになっているのです。

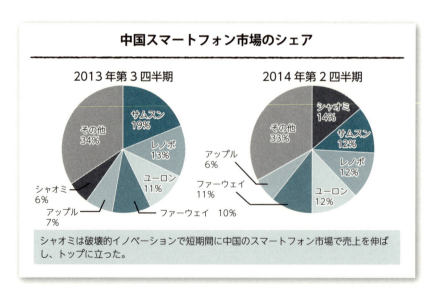

中国スマートフォン市場のシェア

シャオミは破壊的イノベーションで短期間に中国のスマートフォン市場で売上を伸ばし、トップに立った。

このシャオミ躍進の影響で、韓国第3位のメーカーであるパンテックは経営破綻に追い込まれます。また、日本のメーカーであるソニーは中国市場で大きな赤字を計上して、中国市場からの撤退を余儀なくされました。そして、かつてのリーダーだったサムスンでさえ営業利益が6割も減少するなど、急速にその勢いをそがれることになったのです。

　通常、新興企業はイノベーションを起こして、リーダー企業を打ち負かすことはむずかしいといっても過言ではないでしょう。リーダー企業に勝てる戦略は、圧倒的な低価格で顧客を奪い去るしかないのです。そしてリーダー企業は、この新興企業の攻撃に低価格で対抗しようとしても、高コスト体質を急には変えられず、なす術がないという状況に追い込まれてしまうのです。

　まさに中国のスマートフォン市場で、シャオミが低価格を武器に攻勢をかけ、受けて立つはずであったリーダーのサムスンは、"**イノベーションのジレンマ**" によって、なす術なくトップの地位を奪われたのが、その事実を物語っているといえるでしょう。

👤「なるほど。新興企業でも強大なライバル企業を相手に一歩も引かずに優位な戦いができるんですね。その際の武器になるのはやはり価格ということですか」

👨‍🏫「そう。**新興企業には新興企業なりの戦い方があるんです。**ブランドではやはり市場を支配してきた企業に一日の長があることを考えれば、それを逆手に取って低価格で勝負していけばいいんです。これを私は『破壊的イノベーション』と名づけましたが、この破壊的イノベーションさえ起こすことができれば短期間でマーケットリーダーを抜き去ることも決して夢ではないんですよ。それでは、破壊的イノベーションを起こす方法についてお伝えしましょうか」

クリステンセン教授に学ぶ

Section1　破壊的イノベーションとは？

不要な機能を削ぎ落とし、低価格化で既存市場を破壊する

　一般的にイノベーションは、これまでになかった製品やサービスを世の中に送り出し、高いレベルで顧客の要求に応えて成功を収めていきます。

　この従来からのイノベーションの考え方を「**持続的イノベーション**」と呼びましょう。

イノベーションが進展するとどうなるか？

　企業はいったん高いレベルでイノベーションを起こせば、そのイノベーションによって生み出された技術や仕組みにさらに磨きをかけ、より多くの機能を付加していきます。

　この持続的イノベーションを図表で示しましょう。

　ただ、ここで顧客が必要とする性能もしくは利用できる機能を考慮に入れれば、持続的イノベーションはある時期を境に、顧客のニーズ先行型から企業の技術先行型へと転換期を迎えることになります。

　つまり、顧客側はそれ以上の性能アップを求めていないにもかかわらず、企業は技術をさらに高度化させて、顧客にとっては不必要な機能をどんどん付加していく活動を続けていくということなのです。

　問題は、この技術の高度化はコストに直結し、最終的な価格に反映されるというところにあります。

　顧客は必要のない機能に対して、プレミアム価格を支払わなければならなくなるのです。

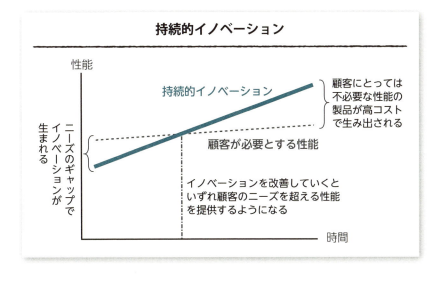

持続的イノベーションから
破壊的イノベーションへ

　そこで、持続的イノベーションがある程度進展した段階で大きなビジネスチャンスが生まれることにつながります。

　持続的イノベーションによって生み出された製品ほど高性能ではないにしろ、顧客が最低限必要とする機能に絞って新たな技術や仕組みを開発することにより、不要なプレミアム価格を支払いたくない顧客を引きつけることが可能になるのです。

　このイノベーションは、当初は顧客が必要とする性能を満たしていないかもしれませんが、継続的な改良を行なうことによって、いずれ持続的イノベーションに比べて圧倒的な安価で顧客のニーズを満たす性能を実現できるようになります。

　このとき顧客は、持続的イノベーションによって生み出された製品から不必要な機能を削ぎ落としたイノベーションによって生み出された製品に雪崩を打ったように乗り換え、市場での地図が一変することになり

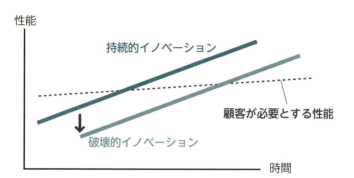

破壊的イノベーションは、持続的イノベーションの余分な機能を削ぎ落として生み出されるが、改善により顧客が必要とする性能を満たすことができるようになったとき、既存の市場を破壊するほどの威力を持つ

ます。

　このように、持続的イノベーションの機能を削ぎ落とすイノベーションは、既存勢力のマーケットを破壊する威力を備えており、**「破壊的イノベーション」**と呼ばれるのです。

🙂「『持続的イノベーション』と『破壊的イノベーション』ですか……。図表を見る限りは、先行企業が起こしたイノベーションを超えるイノベーションを起こすことができなければ、後発企業は破壊的イノベーションで対抗するしかないということですね」

🙂「そうですね。先行企業によって起こされたイノベーションが顧客の必要とする機能を満たしていないうちは、なかなかチャンスがないかもしれませんが、いずれは顧客のニーズを超える技術開発の領域に入っていくはずだから、そのときに後発企業には大きな

チャンスが巡ってくるのです」

🙂「そうすると、いまやスマートフォンは機能的にも成熟してきているから、後発企業にとって、まさに破壊的イノベーションを起こすチャンスが到来していることになりますね」

🧑「そのとおり。中国のスマートフォン市場でも破壊的イノベーションは起きたのだから、日本でも起こせないことはないんじゃないかな。続いて、破壊的イノベーションの典型的な2つのタイプを紹介していきましょう」

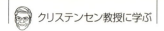
クリステンセン教授に学ぶ

Section2　破壊的イノベーションのタイプ

「新市場型破壊」と「ローエンド型破壊」に分かれる

　破壊的イノベーションには2つのタイプがあります。

　一つは、既存企業のこれまで顧客ではなかった層で消費が起こるタイプのもの。このタイプの破壊的イノベーションは、新たな市場を切り開いていくという意味で、**「新市場型破壊」**と呼ばれています。

　もう一つは、既存企業の顧客のうち、低価格の製品を購入する顧客を奪うタイプのものです。このタイプの破壊的イノベーションは、既存企業のローエンドに端を発するという意味で、**「ローエンド型破壊」**と呼ばれています。

新市場型破壊とは何か？

　新市場型破壊で生み出された製品は、既存製品に比べれば機能は劣るものの、シンプルで使いやすく、しかも非常に価格が安いので、これまで購入をためらってきた潜在的な顧客層にアプローチできるようになります。

　このように新市場型破壊は、既存企業にとって既存顧客を奪われるわけではないために、破壊的イノベーションで市場に参入してきた新たなライバル企業にまったく注意を払わないこともあるでしょう。

　ただ、新市場型破壊においても、徐々に改良を加えて、製品の性能が高まってくれば、いずれ既存企業のローエンドの顧客を奪うことにつながっていきます。この段階においても、既存企業にとってローエンドの顧客は収益率を高めていくうえで、いわば邪魔になる存在です。かえっ

てライバル企業に移っていくことで、持続的イノベーションを求める高収益の顧客のみが対象となるために、新市場型破壊を好都合と捉えることもあるかもしれません。

ところが、さらなる破壊的イノベーションの改良により、主要顧客が必要とする性能を満たしたときに、今度は一気に既存企業の多くの顧客が新たなライバル企業に流れ込んでいくことにつながります。

ここまでくると、既存企業が新たなライバル企業の攻勢を食い止めることはむずかしくなります。なぜなら、価格で新たなライバル企業を圧倒しようと値下げに踏み切れば、高コスト体質のせいで大きな赤字を計上することにつながりかねないからです。

破壊的イノベーションが進展し、主要顧客を奪われ始めても、既存顧客は値下げによって対抗しようにも赤字に陥るためになす術がないという"ジレンマ"に陥ってしまうのです。

ローエンド型破壊とは何か？

ローエンド型破壊においては、新市場型破壊と違って、新たな市場を生み出すことはありません。既存企業にとって引き止めるインセンティブの低いローエンドの顧客を奪い去ることで成長する、低コストのビジネスモデルといえるでしょう。

このローエンド型破壊が起こるとき、既存企業は新たなライバル企業から逃げ出さずにいることが非常にむずかしいといわざるを得ません。なぜなら、ローエンド破壊者と正面切って戦うなら、それまで築いてきた高い収益率を放棄しなければならなくなるからです。

これまで持続的イノベーションを起こしてきた既存企業は、多大なコストを負担して画期的な製品を生み出してきました。そのため、製品を市場に投入した際には、コストを価格に転嫁し、そのうえ、次のイノベーションを起こすための収益をも上乗せして販売しなければなりません。

このような持続的イノベーションに価値を感じ、相応の価格を喜んで負担するハイエンドやミドルレンジの顧客は、既存企業にとって力を入れてニーズを満たす対象になるでしょう。

一方、最低限の機能だけを求め、価格に非常に敏感なローエンドの顧客は、既存企業にとって収益性も低く、積極的に対応すべき対象にはなっていません。もし、このローエンドの顧客が新しいライバル企業に攻め込まれたために、価格競争（値下げ）で対抗するなら、高い利益を上げているハイエンドやミドルレンジの顧客にまで価格低下の影響を及ぼし、業績の悪化を招きかねないのです。

そこで、従来どおりの収益性を確保するうえで、ローエンドの顧客をあきらめ、争うことをやめて早々に逃げ出すことは、既存企業にとっては理にかなった選択であるといっても過言ではないのです。

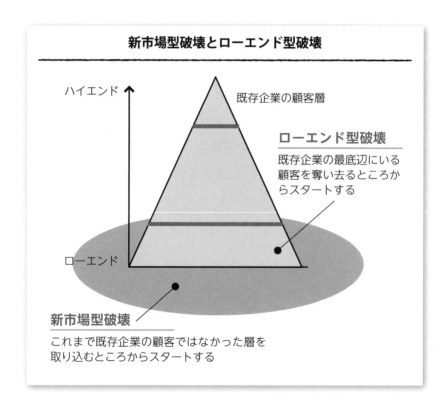

破壊的イノベーションは、実際にはこの2つのタイプが混合された**「ハイブリッド型破壊」**であることが多いといえるでしょう。

　従来の製品から不必要な機能を削ぎ落とし、非常に安価な製品で、これまで購入したくてもできなかった顧客を引きつけ、かつ既存企業のローエンドの顧客を奪い去って、市場を破壊するイノベーションを進行させていくのです。

🧑「破壊的イノベーションには、『新市場型破壊』と『ローエンド型破壊』の2つのタイプがあるんですね。どちらのタイプにしろ、既存企業のメイン顧客への攻撃でないために、新興企業の行動は無視されるということですか？」

👨「そう。既存企業は、新興企業にローエンドの顧客を奪われたとしても、対抗して値下げなどを行なってしまうと、利益率の高いミドルレンジやハイエンドの顧客に値下げの圧力が高まるから、放って置かざるを得ないということにつながるんです。新興企業は、その隙を突いて市場を拡大していくんです。次に、破壊的イノベーションを起こすためにクリアしなければならない3つの関門について説明しましょう」

クリステンセン教授に学ぶ

Section3 破壊的イノベーションのアイデアの選別

ビジネスのアイデアは「3つの関門」でチェックする

　実のところ、ビジネスのアイデアが頭に浮かんだ段階で、持続的イノベーションなのか、破壊的イノベーションなのかを決定づける要素はほとんどありません。

　ビジネスのアイデアは、最終的には戦略的な計画に落とし込まれますが、意識的に細部まで検討していけば、その多くをより大きな成長を見込める"破壊的事業計画"へと導くことができるようになるのです。

　それではここで、破壊的イノベーションを起こして、業界地図を塗り替える可能性を高めるアイデアの選別法をお伝えしていくことにしましょう。

　破壊的イノベーションを起こすためには、自分が考え出したアイデアが「**3つの関門**」をクリアする必要があります。

　たとえば、あなたが「**インターネットを通して専門家の相談を受けながら、自身で税務関連の書類を作成するサービス**」というアイデアを思いついたとしましょう。

　このアイデアが、破壊的イノベーションを起こすことができるのかどうかを3つ関門でチェックしていくのです。

〈第1の関門〉
新市場型破壊を検討する

　まず、自身が思いついたアイデアが、新市場型破壊になり得るかを次の質問でチェックしていきます。

質問　「金額的な条件や地理的条件などで、従来の製品やサービスを利用したくても利用できなかった人がたくさんいるか？」

　たとえば、税務関係の書類を作成する場合、専門的な知識が必要であり、一般的には税理士に高額な報酬を支払って依頼することになります。
　もし、税理士が会社を訪問してくれれば、わざわざ訪問する必要はありませんが、そうでなければ書類作成の相談に税理士事務所を訪れなければならないでしょう。
　つまり、もし現状このような税務関連の書類の作成が、一部の資金や手段を持つ人だけに利用され、しかも遠方の事務所でしか利用できないのであれば、手軽にしかも安価で利用できるサービスを開発することにより、これまで利用したくてもできなかった顧客層を開拓して新市場型破壊を起こすことができるようになるというわけです。

〈第2の関門〉
ローエンド型破壊を検討する

　次に、ローエンド型破壊が可能かどうかを検討していきます。次の2つの質問をクリアする必要があるでしょう。

質問1　「市場のローエンドには、機能がある程度制限されたとしても低価格を好む顧客が多く存在するか？」

質問2　「ローエンドの顧客を引きつける低価格で、製品やサービスを提供しても十分な利益を上げるだけのビジネスモデルを構築することができるか？」

　たとえば、インターネットを通して税務関連の書類を作成するサービ

スの場合は、対面式のサービスと違い、フルサービスは受けられませんが、書類作成にあたって必要最低限のサービスを受けることが可能です。
　書類作成の大半をセルフサービスで行ない、本当に専門家の助けが必要なところだけにサービスを絞り込むことによって人件費の削減が可能になります。サービスを提供する企業側としては、大幅なコスト削減で低価格で提供しても十分な利益を確保することができるでしょう。
　一般的にローエンド型破壊を実現するために、低い粗利益率でも十分な利益を確保できるよう、人件費などの販管費を削減する改良と、資産を早く回転させる目的での製造プロセスやビジネスプロセスの改良を組み合わせたパターンが多いといえるでしょう。

〈第3の関門〉
すべての企業にとって破壊的イノベーションかどうかを確認する

　第1、第2の関門を無事にクリアできれば、最終関門である第3の関門を通過しなければなりません。そのための質問は、次のようなものになります。

> 質問　「これから自社が起こそうとしているイノベーションは業界のすべての大手企業にとって破壊的だろうか?」

　たとえば、自社が新たなチャレンジャーだとすると、既存の企業に対して勝ち目のあるイノベーションは破壊的イノベーションに限定されることになります。
　もし、これから自社が起こそうとするイノベーションが、業界の中の1社もしくは複数の企業にとって持続的イノベーションの可能性があれば、勝者は経営資源に勝る大手企業になり、自社が業界に革命を起こす

のは万に一つもあり得ない状況に追い込まれることになるのです。

　つまり、現状検討しているイノベーションがすべての企業にとって破壊的でなければ、成功する可能性は著しく低下していくことにつながるのです。

　このように、考えついたビジネスアイデアを3つの関門でチェックし、すべてをクリアすることによって、破壊的イノベーションの実現に大きく前進することが可能になるのです。

🙂「破壊的イノベーションのアイデアが生まれたら、本当に成功につながるかどうかは3つの関門をクリアしなければならないんですね。この3つの関門における質問にすべてYESと答えることができて初めて、破壊的イノベーションで市場を破壊するビジネスを展開できるようになるんですね」

🧑「そうです。破壊的イノベーションはそう簡単に起こせるものではありません。だから実際に取り組む前に、慎重に成功の可能性を検討しなければならないというわけです。見事、3つの関門をクリアできれば、いよいよ破壊的イノベーションに取りかかるプロセスに移っていくことになりますが、続いては新製品開発のプロセスについて解説しましょう」

クリステンセン教授に学ぶ

Section4　破壊的イノベーションの新製品開発のプロセス

「顧客が解決したいと思っている問題は何か?」を足がかりにする

　新製品を開発して市場で成功を収めることがむずかしいのは誰もが認識していることでしょう。実際に新製品開発では75%もの試みが失敗に終わっているという統計もあります。

　それでは、なぜこのような高い確率で新製品開発は失敗に終わるのでしょうか？　その背景には、多くの企業が顧客を特定する段階で、そもそも間違いを犯しているという問題があります。

新製品開発にあたって考えるべきこと

　一般的に企業は製品開発を行なう際に、顧客を特定するために市場の細分化を行なっていきます。よく活用されるのは、顧客を年齢や性別、住所、年収などで分類していく方法でしょう。たとえば、20代の首都圏で働く女性とか、40代で年収1000万円以上のサラリーマンなどといった具合です。

　このような属性によるくくりは、対象の規模を数値で測ったり、プロモーション戦略やプレイス戦略などのマーケティング戦略でアプローチしていくうえで、非常に効果的と思われがちです。しかし、それ以前の新製品を開発する段階では、このような顧客の特定法は大きな失敗につながる原因になるのです。

　なぜなら、顧客が求めている製品は、その製品によって自身が抱えるどのような問題を解決してくれるかが重要だからです。その意味では、年齢や性別などによる顧客の特定法は、新製品開発にあたって最も重要

新製品開発の顧客の特定法

失敗する顧客の特定法
"条件"で顧客を特定する
（例）30代の女性、
　　　年収1000万円以上

成功する顧客の特定法
"問題"で顧客を特定する
（例）仕事が効率的でない
➡ 仕事を効率的にしたい

な「顧客の問題の解決」というポイントからのスタートではありません。

結果として、新製品開発には対象となる顧客のさまざまなニーズが盛り込まれ、何ら特徴のない製品に仕上がって、誰にも必要とされない製品になってしまうのです。

ですから、破壊的イノベーションの足がかりとして、「どのような製品を開発すればいいのか？」というポイントを検討する際には、まずどのような顧客がどのような問題解決を望んでいるかを詳細に知る必要があります。つまり、顧客を特定する際には、属性で特定していくのではなく、顧客の直面する問題を分析していく必要があるのです。

破壊的な製品と成り得るのは、**「多くの人が自身の抱えている問題を解決したいのだが、従来の製品やサービスでは満足しておらず、それに代わる製品を生み出せた場合」**です。もちろん、最初から特定した顧客を100％満足させる製品やサービスを開発することはむずかしいかもしれませんが、市場に投入後に顧客の意見に真摯に耳を傾けて改良を施し、いずれ顧客の期待値を超える製品に仕上げていけばいいのです。そのためには、常に顧客を注意深く観察し、時には意見交換を通じて、いま抱える問題を把握し続けることが重要といえるでしょう。

足がかりを進展させて
市場を破壊する

　顧客が解決したいと思っている問題にフォーカスしてアイデアを検討し、うまく新製品開発の足がかりを築くことができたとしても、それで終わりではありません。実際のところ、足がかりは破壊的イノベーションの序の口に過ぎないのです。

　重要なのは、破壊的技術を進化させ、より多くの顧客の要求に100%応えることができる製品に改良を施し、既存企業のマーケットを奪い去っていくことなのです。そのためには、正しい方向性を見極めながらイノベーションを進化させていく必要があるでしょう。

　たとえば、ローエンド型破壊の場合は、よりレベルの高い顧客を満足させるための進化はむずかしい話ではないでしょう。ローエンド型破壊で生み出した低コストのビジネスモデルを、徐々にレベルの高い顧客を満足させる製品を提供できるまでに高めて、既存企業にとって収益性の高い顧客が直面している問題を解決するための製品をより低価格で提供していけばいいのです。

　一方で、新市場型破壊の場合は、イノベーションの進化に少々注意が必要になります。なぜなら、今後進むべき方向は、イノベーションを起こしたときには定まっておらず、どの方向性に進んでいくかで結果が大きく変わってくるからです。

　この新市場型破壊の方向性を決めていくうえで、「顧客の問題解決」を軸にした考え方が重要なカギを握ります。どちらの方向に進むべきかは、顧客が現状どのような問題を抱えているかで決まるのです。

　たとえば、機能を絞り込んで低価格を実現したスマートフォンは、これまでスマートフォンを利用したくても、高くて利用できなかった消費者層にアピールして新市場型破壊を起こすこともできるでしょう。ただ、ここで考えなくてはいけないことは、これらの顧客層が低価格のスマートフォンに何を求めているかということなのです。

どんな問題を解決したいがために、通常の携帯電話でなく、スマートフォンを選ぶのかということを明らかにしなければなりません。それは、無数のゲームを手軽にダウンロードして暇な時間を潰すことかもしれませんし、デジタルカメラの代わりに写真を撮ることかもしれません。また、パソコンの代わりにインターネットをしたり、メールを送ったり、ファイルを閲覧したりすることかもしれません。他にも、テレビの代わりにワンセグや動画サイトを閲覧することかもしれません。

このように、実にさまざまな問題解決がある中で、何を重視して改良を続けるのかを方向性を決めて進んでいく必要があるのです。

そのような観点からは、競合は決して同業他社だけなく、たとえばスマートフォンでいえばゲーム専用機業界やデジタルカメラ業界、パソコン業界など代替品を提供する業界まで及びます。

いずれにしろ、直接の競合という狭い視野でイノベーションを進化させるのではなく、「顧客の問題を解決する」という当初の目的から一歩も外れることなしに、顧客にとってより価値の高まる進化の方向性を決定していかなければならないのです。

👤「新製品開発を行なうためには、まずは『顧客の問題を解決する』というポイントからスタートして製品開発を行ない、徐々に機能を高めて顧客の要求に100%応える努力を行なっていく必要があるんですね」

👤「そうです。多くの人が自身の抱えている問題を解決したいけれども、従来の製品やサービスでは満足していないマーケットを見極めることができれば、破壊的イノベーションにつながる可能性も高くなるというわけです。続いて、自社にとって理想の顧客を定義する方法についてお伝えしましょう」

Section5 破壊的イノベーションの理想的な顧客とは？

新市場型破壊の理想的な顧客は〈第1の関門〉の対象者

　破壊的イノベーションを起こすにあたって、自社にとって「理想的な顧客」とはどのようなものでしょうか？

ローエンド型破壊の理想的な顧客

　ローエンド型破壊において、理想的な顧客を定義づけることは比較的容易です。現状、既存企業が起こした持続的イノベーションによって生み出された製品を利用していて、現在以上の性能を望まない顧客層がそれに当たります。
　この顧客層は、もちろん引き続き持続的なイノベーションによって改良された製品が市場に投入されれば、購入するかもしれませんが、喜んでプレミアム価格を支払う意思はありません。
　つまり、ローエンド型破壊で成功するためには、ローエンドの顧客を満足させる最低限の製品を、現状の価格よりも圧倒的に安い価格で、しかも自社にとっては十分な利益を上げられるだけのビジネスモデルを築き上げることが重要になってくるのです。

新市場型破壊の理想的な顧客

　一方で、新市場型破壊の理想的な顧客を見つけることは、ローエンド型破壊に比べて非常にむずかしいといわざるを得ないでしょう。現在、

ある製品が欲しいと思っていても、価格や入手できる場所の関係から、購入できない潜在的な顧客を特定していかなければならないからです。

もしかすると、ある顧客が既存製品を購入しないのは、それが欲しくても手に入れられないからではなく、初めからまったく必要性を感じていないかもしれません。初めから必要性を感じていないなら、いくら低価格で製品を投入したとしても、購入には結びつくことはありません。

ですから、ここでも破壊的イノベーションを起こすための「3つの関門」のうち、〈第1の関門〉の質問が重要になってくるのです（93ページ参照）。

質問　「金額的な条件や地理的条件などで、従来の製品やサービスを利用したくてもできなかった人がたくさんいるか？」

もし、このような問題を抱える顧客が多く存在するなら、新市場型破壊を起こすことのできる確率も高まり、その対象となるのが新市場型破壊にとって理想的な顧客と定義づけることができるのです。

🙂「ローエンド型破壊の場合、理想の顧客を定義づけるのは容易ですが、新市場型破壊の場合は、むずかしいんですね」

🙂「そう。だから3つの関門に戻って、第1の関門を検討することにより、新市場型破壊の理想の顧客が浮き彫りになってくるんです。続けて、新市場型破壊がたどる典型的なパターンについて見ていきましょう」

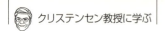
クリステンセン教授に学ぶ

Section6　新市場型破壊の実現パターン

新市場型破壊は「4つのプロセス」を経て実現する

　企業が理想の顧客を見つけて新市場型の破壊的イノベーションを起こそうとするとき、多くの場合、「**4つのプロセス**」を経て、持続的な成長を実現することが可能になります。

　つまり、この4つのプロセスをテンプレート化して活用することによって、より確実に新市場型の破壊的イノベーションを起こすことができるようになるのです。

新市場型破壊がたどる「4つのプロセス」

　新市場型破壊がたどる4つのプロセスは次のようになります。

〈プロセス1〉対象となる顧客を特定する
　ある問題を解決しようと思っていても、現状の製品やサービスでは、金額的、地理的、もしくはスキル的に導入したくてもできない人たちが多く存在する市場を見つけ出します。

〈プロセス2〉市場への参入を決断する
　特定した顧客は、自社が市場に投入した破壊的製品と高額で品質の高い既存製品とを比較することはほとんどありません。なぜなら、現状問題を抱えていても、解決策を提供してくれる製品やサービスを利用できないからです。この観点から、「問題を解決する製品がないよりはまし」ということで、破壊的製品の品質があまり高くなくても喜んで購入する

でしょう。このような顧客を満足させるための製品の性能は低くてもかまわないために、新興企業にとっての新規参入のハードルは低いといえます。

〈プロセス3〉シンプルで手頃な製品を開発する

　破壊的イノベーションを実現する技術の中には、もちろん高度なものもありますが、破壊的イノベーターは、その技術を利用してシンプルで手頃な製品を開発していくべきです。これによって、資金やスキルを持たない顧客でも利用することが可能になり、大きな潜在市場を掘り起こして、急激な成長につなげていくことができるようになるのです。

〈プロセス4〉新たな市場を切り開く

　破壊的イノベーションは、まったく新たな市場を創造していきます。その際に、新たな顧客は従来とは違ったチャネルで製品を購入し、これまでとは違った場所で利用することが多いということを想定しておくべきでしょう。

　新市場型破壊において、この4つのプロセスを踏まえれば、成功する確率は高まります。なぜなら、このような破壊が業界で進行する場合、既存企業は新興企業の活動を自分たちの脅威とは考えないからです。

　当初、自社の顧客を奪うことはありませんし、破壊的イノベーションが進行して自社のローエンドの顧客を侵食するレベルまで進んだとしても、既存企業にとっては収益性の低い顧客が流出するだけで、実際には収益性が逆に高まっていくのです。

　ただ、さらに破壊的イノベーションが進行し、よりハイエンドの顧客のニーズを満たす性能の製品を提供できるようになったときには、既存企業から主要顧客が流出し始め、顧客を奪い返すことはむずかしくなっていきます。

　持続的イノベーションでコスト高に陥っている既存企業にとって、破

壊的企業の低コストには太刀打ちできない状況に追い込まれ、対抗する術はなくなってしまっているのです。

🙂「なるほど。新市場型破壊の典型的なパターンがわかりました。4つのプロセスに基づいて、破壊的イノベーションを進めていけばいいわけですね」

👤「そうですね。この4つのプロセスを順序立てて実行に移すのなら、既存企業が気づかないうちに新たな市場を切り開くことができるのです」

🙂「そして、それから既存企業のローエンドの顧客を奪い、最終的には主要顧客までターゲットを広げていけばいいんですね」

👤「もう主要顧客まで流出するような段階になれば、既存企業は破壊的イノベーションを止めることができない状況に陥っているといえるでしょう。ここまで来れば成功も同然です。続いて、破壊的イノベーションが起こる流通チャネルについて考えていきましょう」

Section7　破壊的チャネルの構築

破壊的イノベーションは新たなチャネルで起こる

　新市場の顧客に到達するためには、4つのプロセスの4番目で述べたとおり（103ページ参照）、従来のチャネルではなく、まったく新たなチャネルの場合が多いでしょう。なぜなら、既存チャネルで高いマージンが約束されている既存製品を販売している状況では、より利ざやの低い破壊的製品を販売することは既存チャネルを担う業者にとって合理的ではないからです。

既存のチャネルに頼らない

　たとえ、2つの製品を同時に扱ったとしても、力を入れて販売するものは既存製品のほうになるでしょう。ですから、破壊的イノベーションを起こそうとする企業は、既存のチャネルに頼らずに、新たな破壊的チャネルを構築していく必要があるのです。

　また、破壊的イノベーションにおいては、小売業者や流通業者など、チャネルメンバーすべてが破壊を通して成長していく必要があります。生産者と同じように最初は低コストで最低限のサービス品質でも、イノベーションの進展に応じてより高いレベルのサービスが提供できるようになれば、その分がそのまま利益の上乗せに直結し、高い利益率を実現できるようになるのです。

　加えて、原材料や部品を供給する企業も破壊的チャネルでは重要な役割を果たします。生産者自身が高い技術を持っていなくても、原材料や部品を供給する企業が高い技術力を持ち、安価で供給することができる

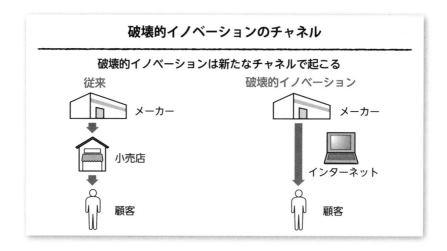

なら、破壊的イノベーションを成功に導くことができるからです。

　たとえば、コンピューター業界において、Dell（デル）はインテルの技術力の高いCPUを使ってパソコンを製造し、自社が独自に生み出した直販モデルを通して販売することによって破壊的イノベーションを成功に導くことが可能となりました。

　このように、破壊的イノベーションで成功を収めるためには、自社単独ではなくチャネル全体で破壊的な活動に取り組んでいく必要があるのです。

「破壊的イノベーションは新たなチャネルで起こるというのは、シャオミの事例を聞いていたので、まさにそのとおりと思いました」

「そうですね。シャオミの場合は、ネットの限定販売という新たなチャネルで大成功を収めているのです。ネットだけでなく、さらに新たなチャネルを開拓すれば、それだけ成長も加速されることにつながるでしょう。続いて、事業の範囲を適切に決める方法について見ていきましょう」

Section8 破壊的イノベーションの事業の範囲

自社で行なうか？　外注するか？
成長を維持するための基準が必要

　新たな事業を、成功確率を高めてできるだけ速く成長に導くには、どの業務を自社で行ない、どの業務を外注に出すかを慎重に検討しなければなりません。

垂直統合と水平分業

　性能の高いオリジナリティあふれる差別化された製品を市場に投入したければ、自社独自の企画で、製品開発すべてのプロセスを自社内で賄う必要があるでしょう。これは**「垂直統合」**と呼ばれる方法です。

　一方で、性能を突き詰めていくのではなく、事業の効率を重視するなら、自社ですべてを行なうのではなく、ビジネスの核になる強み以外は他社に外注し、どのような企業でも利用できるオープンな業界の標準品を使って製品を製造することもできるでしょう。これは**「水平分業」**と呼ばれます。

　それでは、**「自社単独で独自の企画を追求する垂直統合」**と**「コアになる部分以外は外注して標準化による効率化を図る水平分業」**は、どのようにして決定すればいいのでしょうか？

　それは、顧客が製品に対して必要とする性能によって変わってきます。

　たとえば、技術や製品が開発された当初は、企業が投入する製品の性能が顧客の求める水準を満たしていないことも十分に考えられます。これは**「性能ギャップが生じている状況」**です。この場合、顧客は現状の性能に満足していない状況であり、プレミアム価格を支払っても、より

高い性能の製品を求めているのです。

　性能ギャップが発生している段階では、技術や性能を高めて、顧客の製品に求めるより高いハードルを越えていくことが成功条件になります。そのためには、開発プロセスを統合し、自社独自の企画で性能を追求して高めていく垂直統合型が効果的でしょう。もし、うまくいけば、ライバル企業に機能性と信頼性に勝り、競争を優位に展開できるようになるのです。

　一方で、企業が提供する製品の性能は改善を続けていくと、遅かれ早かれ、顧客の求める水準を超えてしまうでしょう。これは「**性能過剰が発生した状況**」です。この段階では、顧客は必要もない機能の付加された製品に魅力を感じなくなり、プレミアム価格を払うことに抵抗を感じ始めます。ですから、企業とすると、性能を追求するよりも、効率化を追求して性能面以外で顧客の要求に答える必要が出てきます。

　つまり、性能過剰が発生した段階では、顧客の求めているのは「**十分な性能を備えた製品を、必要なときに、できる限り手軽に手に入れる**」ことであり、企業側とすると独自の企画で性能を追求していくよりは、ビジネスのコアになる部分以外は他社の生産した標準品を使って生産の

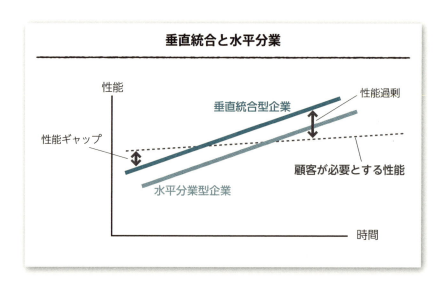

スピードを高めるなど、事業の効率化を図っていく必要があるのです。

このように、性能過剰の段階では効率化を優先して、ビジネスを水平分業型で展開すれば、スピードや応答性、利便性でライバル企業に勝り、競争を優位に展開できるようになるのです。

ちょうど良いときに、ちょうど良い場所にいること

企業にとって、性能ギャップが大きいときには垂直統合型で事業を進め、性能過剰が拡大してくる段階では、水平分業型の事業が成功を収めるカギを握ります。ただ、必ずしも当初は適切な戦略でうまくいっていても、その成功が永遠に続くとは限りません。

ここで、事業の範囲の選択に関して、一つの事例を紹介することにしましょう。

IBM は、かつて「メインフレーム」と呼ばれる大型コンピューターにおいて自社独自の企画で垂直統合型のビジネスを展開し、業界における圧倒的な地位を築いていました。

ところが、コストや製品化のスピードの観点から、自社の独自開発をやめ、標準化された部品を使用するようになると、業界での力が徐々に弱まり、シェアを失っていくことにつながっていったのです。

また、IBM はパソコンが普及期に入り始めた 1980 年代には、CPU をインテルに、そして OS をマイクロソフトに外注し、水平分業型の事業を模索していきます。

このように IBM の独自仕様をオープンにして、生産されたパソコンは「IBM PC 互換機」と呼ばれ、多くのメーカーから販売されるようになりました。

IBM が水平分業型の事業に転換した背景には、自社の独自開発で開発期間が長引き、コストの増大に頭を悩ませていたことがあります。ただ、この決定が、インテルやマイクロソフトの成長を助長することにつ

ながっていきます。

　加えて、ヒューレットパッカードやDellなどのライバル企業の台頭によって、十分な収益が確保できなくなり、結局、パソコン事業は中国の新興企業であるLenovo（レノボ）に売却することになってしまったのです。

　企業にとって、完全なる垂直統合と水平分業は両極端に位置する戦略ですが、状況に応じてどちらか一方を選択するということではなく、性能の改善とともに「垂直統合型」から「水平分業型」へと徐々に移行していくというのが一般的でしょう。

　つまり、新成長事業をできるだけ速く、高い確率で成功に導くためには、**「ちょうど良いときに、ちょうど良い場所にいること」** が重要なのです。

　たとえば、顧客は性能の向上を求めているのに、水平分業型で性能の追求よりも効率化を図れば、大きく苦戦することが予想されます。一方で、すでに十分な性能が備わっているのに、垂直統合型でコストをかけてまで製品開発に取り組めば、時間と資金と労力をかけて開発した製品も、顧客には見向きもされずに大きな失敗につながっていくことになるのです。

　ですから、事業の範囲を決定する際には、顧客の求める性能と自社が提供している製品の性能の誤差に注意を払いながら、適切な決断を下していく必要があるのです。

「破壊的イノベーションにおいて、事業の範囲を決める際には、どこまでを自社で行ない、どこからは他社に任せるかを明確にしなければならないんですね」

「そう。基本的には性能ギャップが生じているときには垂直統合で事業のすべてを自社で行ない、逆に性能過剰が発生するようにな

れば水平分業を実施して、効率化を図るために他社に自社の強み以外の部分をアウトソースすればいいんです」

🧑「そして、垂直統合と水平分業は、状況に応じて自社でやる割合と他社に任せる割合を見直していくことが重要になってくるのか」

👨「ええ。事業を軌道に乗せ続けるにはやはり『ちょうど良いときに、ちょうど良い場所にいること』が重要なんです。実際のところ、その見極めが成功のカギを握るといっても過言ではないでしょう。ただ、必要な性能を決める顧客のニーズは一定ということもないので、続いては特殊なパターンともいえる顧客のニーズが劇的に変化する場合の対処法についてお伝えしましょう」

クリステンセン教授に学ぶ

Section9　顧客のニーズが劇的に向上した場合
垂直統合型から水平分業型へ、さらに「再統合」へシフトする

　一般的に、当初は顧客の求める性能に企業が提供する製品の性能が追いつかない性能ギャップが存在する状態から、性能の改善が進むにつれて、企業の提供する製品の性能が顧客の求める性能を上回る性能過剰の状態へと移行していきます。つまり、企業とすると性能を追求していく垂直統合型から、徐々に効率化を図る水平分業型へと移行していくことが、適切な流れといえるでしょう。

垂直統合型から
水平分業型へ……

　ただ、ここで一つ注意すべきポイントがあります。それは、**顧客の求める性能に急激な変化が現われ、いきなり性能に対する要求が高まることもありえる**ということです。
　たとえば、パソコンであれば、顧客はインターネットとメールがストレスなく利用できる性能で十分と考えていたのが、動画の編集が一般的となり、パソコンに非常に負荷のかかる処理が必要となれば、顧客の求めるスペックも飛躍的に高まり、パソコンメーカーとしてはこの顧客の劇的に変化したニーズに対応しなければならなくなるのです。
　このように、顧客が求める性能が劇的に高まれば、企業はそれまで垂直統合型から水平分業型へと事業の形態をシフトさせてきた場合には、**「再統合」**して顧客の求める高い要求に応えなければなりません。
　つまり、事業の形態は一般的に垂直統合型から水平分業型へと徐々にシフトしていきますが、環境の変化で顧客の求めるニーズが劇的に高ま

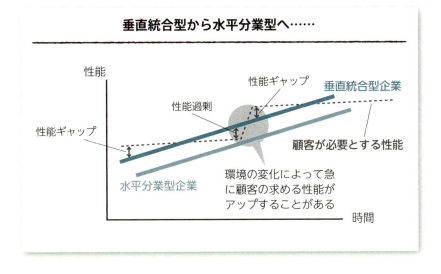

ってくれば、再統合という形で対応していく必要があるのです。

🙂「市場では顧客のニーズが急激に高まる場合があるんですね」

👨「ええ。どんな業界でも顧客のニーズが急激に高まる事態は考えられるでしょう」

🙂「スマートフォン業界もさらに重いソフトなどの必要性が高まってくれば、顧客の求める性能も急に高くなってきそうですね。そんな場合は事業の範囲を見直して、水平分業型から再統合も選択肢に入れなければならないということか」

👨「そう。柔軟に事業の範囲を見直すことができなければ、顧客の期待に沿えなくなり、事業も失速しかねないから注意が必要ですね。最後に、コモディティ化が起こる原理と対処法について説明しましょうか」

クリステンセン教授に学ぶ

Section10　コモディティ化への対処法

コモディティ化と脱コモディティ化は補完関係、バリュー・チェーンの中で移動する

　残念ながら、どのようなイノベーションを起こしたとしても、「**コモディティ化**」（汎用化）の波に逆らうことはできません。どんな企業のどんな製品でも、コモディティ化のリスクに遅かれ早かれさらされることになるのです。

コモディティ化が起こる原理

　それでは、コモディティ化がなぜ起こるのでしょうか？　これまで何度もお伝えしてきたイノベーションの図表でその原理を解き明かしていきましょう。

　イノベーションは、まず顧客が満たされない状況にあるときに、生産や流通、組織などに革新的な変化を起こして生み出されます（図表の❶の状況）。

　この段階では、性能ギャップが発生しており、生産された製品の性能は、顧客の期待に対してまだ十分ではなく、改良によって企業はより高い性能を追求し、顧客が必要とする性能を提供しようと努力を重ねます。

　そして、いずれ企業が顧客の要求する性能をクリアすれば性能過剰な状況に陥ります。それ以上は顧客にとって不必要な機能であり、プレミアム価格を支払ってまで、製品を購入する顧客が極端に減ってくるのです。

　企業としては、まだまだ改良を加え、より高品質で高価格な製品を提供したいと思っても、顧客に相応の価値を感じてもらい、価格に転嫁す

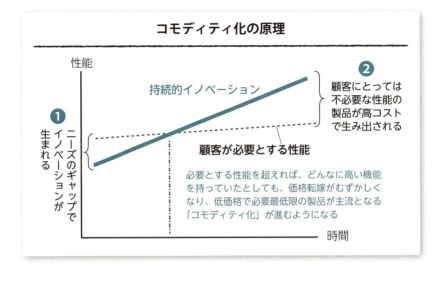

ることがむずかしくなってきます(図表の❷の状況)。

　そして、顧客は低価格の必要最低限の機能を備えた製品で、十分に満足するようになるのです。この段階まで来れば、製品の性能で競争することはむずかしくなり、いかに価格を安くするかというポイントに企業の意識が集中することになり、コモディティ化が進んでしまうのです。

コモディティ化が起こったら、どのように対応すればいいのか？

　コモディティ化が起これば、それまで差別化された製品で実現できていた高い収益率は急激に悪化し、低い収益率に甘んじるか、最悪の場合赤字に転落することも十分に考えられます。

　それでは、このコモディティ化の問題に対して、企業はどのように対応していけばいいのでしょうか？

　実は、このコモディティ化が進む過程において、「バリュー・チェーン」(価値連鎖)と呼ばれる製品の製造から販売に至る他のプロセスで、逆に「脱コモディティ化」が始まることがあります。

つまり、「コモディティ化と脱コモディティ化は同時に起こる補完関係にある」ということなのです。ですから、企業は自社製品がコモディティ化して、利益を上げられなくなったと確信したら、脱コモディティ化が進み、利益を上げられるビジネスがバリュー・チェーンのどこに移ったのかを確認して、自社に取り込んでいけばいいのです。

ここで企業が犯す致命的な失敗は、脱コモディティ化が進むプロセスを外部の企業にアウトソースしてしまうことです。もし、気づかずにアウトソースしてしまえば、自社よりも強大な力を持つ企業を誕生させかねません。

たとえば、パソコン業界では当初垂直統合型で性能の高いパソコンを生産することに力を注いでいました。ところがパソコンが普及してくると、**IBM**はどのような企業でもパソコンを生産できるように規格をオープンにします。

すると、パソコン業界には次々に新たな企業が参入し、コモディティ化の荒波が襲います。このコモディティ化の進展は、世界No.1のシェアを誇ったIBMでさえ、事業売却による撤退を決断させるほど厳しいものでした。

このように、パソコン業界ではコモディティ化が進み、パソコンを生産する企業にとっては収益面で厳しい立場に立たされていますが、バリュー・チェーンの他のプロセスでは脱コモディティ化が進み、パソコン関連業界で急速に成長した企業も現われました。

それが、**マイクロソフトとインテル**です。

IBMは事業のスピードと柔軟性を高めるために、OSの開発をマイクロソフトへ、そしてCPUの開発をインテルに任せます。ただ、パソコンのコモディティ化が進むにつれ、パソコンの性能を決定する「性能決定サブシステム」と呼ばれるOSやCPUなどの脱コモディティ化が進み、マイクロソフトやインテルなどの巨大な企業が誕生したのです。

また、脱コモディティ化はバリュー・チェーンの上流である原材料や部品のプロセスばかりでなく、下流の販売プロセスでも起こります。

たとえば、**Dell** は1990年代、コモディティ化したパソコン業界において、「BTO（Build to Order）」と呼ばれる受注生産方式を取り入れ、自社でインターネットなどを通して直販する販売で脱コモディティ化を進め、大きな成功を収めました。

このように、コモディティ化が進む業界において、性能を決定する原材料や部品の中で最高のものを選択していち早く製品化することが、企業にとっては重要な課題となる場合は、バリュー・チェーンの上流、つまり原材料や部品などの性能決定サブシステムで脱コモディティ化が進みます。

一方で、製品を販売するスピードや利便性が十分でない場合には、販売プロセスで脱コモディティ化が進んでいくことになるのです。

たとえば、パソコン業界以外の事例でも、コモディティ化した飲料業界では、特定保健用食品（トクホ）の指定を受けるために、「難消化性デキストリン」といった特定の原材料への脱コモディティ化が進んでいます。

販売プロセスの脱コモディティ化という意味では、スピードや利便性を高めた**楽天**や**Amazon**が台頭し、大きく勢力を伸ばしています。

コモディティ化と脱コモディティ化の関係を図表で示すと…

バリュー・チェーンにおけるコモディティ化、脱コモディティ化を図表で示しましょう（次ページ参照）。

イノベーションを起こした当初は、製品自体が脱コモディティ化の結晶といえますが、時間の経過とともに製品はコモディティ化して、代わってバリュー・チェーンの上流である原材料や部品といった性能決定サブシステムや、下流である販売といった販売プロセスなどへ脱コモディティ化が移行していくことになります。

このコモディティ化が進展する段階で、企業は製品にこだわるなら、

クリステンセン教授に学ぶ

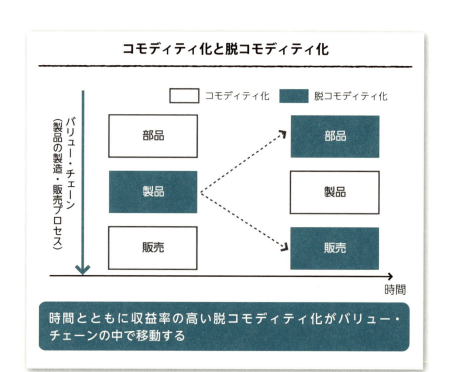

収益力の著しい低下は免れません。
　そこで、「コモディティ化と脱コモディティ化は補完の関係にあり、バリュー・チェーンの中を移動する」ということを認識していれば、部品や販売など、今後お金を稼ぐことのできるプロセスを自社内に取り込むことによって、引き続き高い収益力を維持することができるようになるのです。

　「なるほど。破壊的イノベーションの図表を使えば、なぜコモディティ化が起きるのか、そしてコモディティ化は回避できないことがわかるんですね」

　「それから、バリュー・チェーンを通して見れば、製品としてはコ

モディティ化が進んでも、バリュー・チェーンの別のプロセスで脱コモディティ化が進んでいくことがわかる。そして、企業はそれを見極めて自社の中に取り込むことにより、コモディティ化による収益力の低下を免れることができるようになるんです」

「この見極めはむずかしそうですね。あのIBMでさえ、脱コモディティ化が進むプロセスを間違えて、マイクロソフトやインテルに大きなビジネスチャンスを奪われてしまったんですからね」

「そう。だから、コモディティ化と脱コモディティ化の関係をよく理解したうえで、他社にビジネスチャンスが移行しないように十分注意する必要があるんだね」

「お蔭さまで、だいぶ破壊的イノベーションに対する理解が深まってきました。いまはまだ、すべてを消化しきれていませんが、復習して自社のビジネスにどう当てはめることができるのかをじっくりと考えていきたいと思います」

佐藤はそう言うとノートを取り出し、学んだことを整理し始めた。

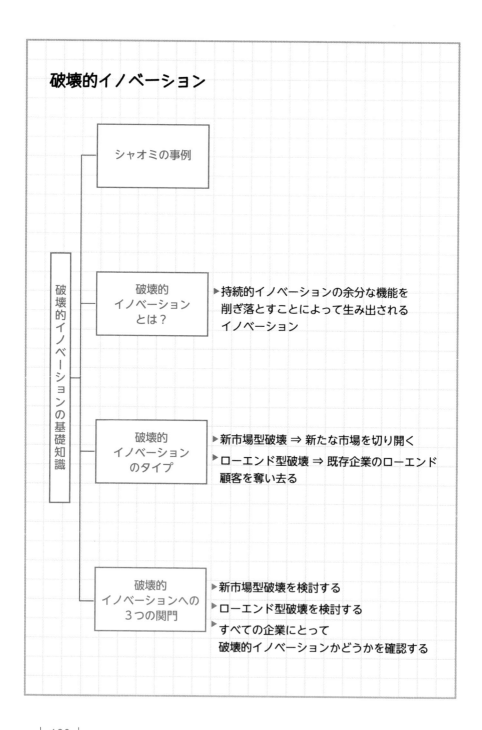

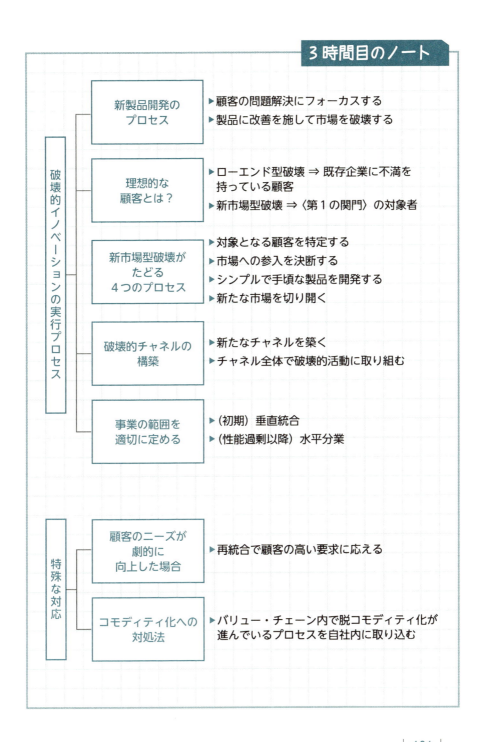

4時間目

キム教授とモボルニュ教授に学ぶ
「バリュー・イノベーション」

4時間目は競争のない市場を切り開くベースとなるバリュー・イノベーションに関する講義です。バリュー・イノベーションに成功すれば、どんなに飽和した市場でも、自社のみが急成長を達成することが可能になります。そのバリュー・イノベーションには6つのプロセスがあり、ステップ・バイ・ステップで進めていけば必ずや激しい競争から抜け出し、他の船がまったくいない静かな海原を航海するがごとく悠々とビジネスを展開できるようになるでしょう。

W. Chan Kim　Renée Mauborgne
W・チャン・キム　＆　レネ・モボルニュ

ともにフランスのビジネススクール INSEAD で教鞭を執る。専門は、キム教授が戦略論で、モボルニュ教授が経営管理論。隔年で発表される「最も影響力のある経営思想家」トップ 50 の常連で、2011 年、2013 年は連続して 2 位にランクインしている。

4時間目は、キム教授とモボルニュ教授の「バリュー・イノベーション」の講義。受講生の山田章三は、都内で美容室を展開する企業のマーケティング担当者として、多くの競合と激しい競争を繰り広げていた。ビジネスを180度転換して"戦わない経営"の答えを得ることが受講の目的だ。2人の教授の口から、どのような画期的なイノベーション手法が語られるのか？……そんな思いが山田の胸中に渦巻いていた。

「山田さん、あなたの企業は激しい競争にさらされて、業績も下降気味のようですね。業界内で熾烈な競争が繰り広げられていれば、それは"レッド・オーシャン"でビジネスを展開しているということになります」

「血みどろの競争が繰り広げられているということで、"レッド・オーシャン"ですか……」

「そうです。ただ、どんな企業にとっても、ライバル企業との不毛な争いは本意ではないはず。できれば、競争のない市場で悠々とビジネスを展開したいと思っているに違いありません。競争のない市場は、実際に切り開くことができます」

「われわれはその戦略を『ブルー・オーシャン戦略』と名づけ、その戦略の根幹をなすものが『バリュー・イノベーション』になるのです。それでは、バリュー・イノベーションを成し遂げた企業のケースから紹介していきましょう」

Case　キュービーネットの事例

競争の激しいヘアカット業界で「1000円カット」で急成長を遂げる

　ヘアカット業界は、非常に競争の激しい業界です。統計によれば現在、日本にはヘアカットを提供する理容店と美容室は合わせると35万店にも達し、実にコンビニエンスストアの7倍もの店舗が日本全国にひしめいているのです。

　この競争の激しいヘアカット業界で「バリュー・イノベーション」を成し遂げ、急成長した企業に、1000円カットを提供する**QBハウス**を運営する**キュービーネット**があります。

「1000円カット」という バリュー・イノベーション

　キュービーネットの創業者・小西国義氏は経営者として全国を飛び回る中、身だしなみを整えるために理容店を利用していましたが、ヘアカット前後のシャンプーや顔の無駄毛剃り、マッサージなど、本来ヘアカットを目的に来店した人にとっては余分なサービスで時間がかかるうえに高額な代金に疑問を抱いていました。

　そこで、理容店に顧客が求める価値は**「髪の毛をカットしてヘアスタイルを整えてもらうこと」**と見極めて、ヘアカットのみにフォーカスしたサービスを提供すれば成功するのではないかと考えたのです。

　どのヘアカット店でも核となるサービスであるヘアカットに要する時間は10分から30分程度です。にもかかわらず、合計1時間かかるとすれば、他の時間はシャンプーや髭剃り、マッサージに費やされている

ことになります。QBハウスでは、これらの余分なサービスを削って、顧客にとって結果的に価値を向上させる方法として、ヘアカットに来たお客様にヘアカットのみを提供するという答えを導いたというわけです。

通常、シャンプーや髭剃り、マッサージなどはヘアカット担当者とは違ったアシスタントが担当することも多いので、このサービスを省くことは人件費の削減という低コスト化にもつながりますし、シャンプー台などの設備投資も必要なくなるために初期投資費用も抑えることができます。

ただ、シャンプーをなくすことは、顧客にとってヘアカット後の細かな髪がそのままになるという不都合につながっていきます。そこで、"エアウォッシャー"という掃除機のようなホースでヘアカットした後の毛くずを吸い取るシステムを独自に開発して、ヘアカット後のシャンプー機能を補いました。

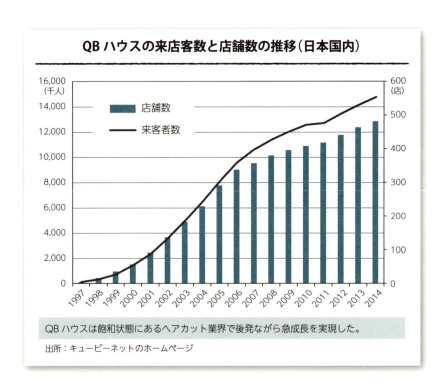

QBハウスは飽和状態にあるヘアカット業界で後発ながら急成長を実現した。

出所：キュービーネットのホームページ

これに加えて、チケット自動販売機を設置して人件費の削減に努めたり、ヘアカットまでの待ち時間を緑・黄色・赤で表わす信号を店外に設置し、利用者に知らせるシステムを導入して利便性を高めたりするなど、さまざまなアイデアでバリュー・イノベーションを成功へと導いたのです。

 そして、これらのコスト削減策や価値向上策の積み重ねによって、QBハウスは「**10分程度の短時間、しかもわずか1000円でできるヘアカット**」を実現し、ライバル企業と競争することなく短期間で急成長を遂げていくことができたのです。

🧑「競争が激しい飽和した業界でも、視点を変えることにより、まだまだ急成長できる余地は残っているということですね」

👨「そうです。業界でバリュー・イノベーションを起こすことができれば、競争を意識することなく、多くの顧客を引きつけることに成功して、業界地図を塗り替えることさえできるようになるんです」

👩「それでは、さらにバリュー・イノベーションについて詳しく説明していきましょう」

Section1 バリュー・イノベーションとは？

「低コスト化」と同時に「差別化」を実現する

　一般的にイノベーションといえば、圧倒的な「差別化」を目指して、これまでになかった製品を開発していくようなイメージがあります。

　しかし、「**バリュー・イノベーション**」は顧客にとっての価値にフォーカスして差別化を目指すと同時に、業界の慣習や競争に囚われずに不必要なものや無駄なものを削ぎ落として「低コスト化」も図り、圧倒的な価値の向上を実現していくイノベーションの手法です。

ブルー・オーシャン戦略の土台をなす考え方

　差別化と低コストを同時に実現することは、「競争戦略」の大家であるマイケル・ポーター教授によれば大変むずかしいということですが、長年にわたって数多くの成功企業を分析した結果、競争のない市場を切り開いた企業の戦略に共通項を見出すことができました。

　それが、バリュー・イノベーションをベースにした「**ブルー・オーシャン戦略**」です。

　バリュー・イノベーションでは、通常のイノベーションほど新たな技術開発にこだわることはありません。新たな技術開発にコストをかけるよりも、視点を変えることによって、顧客を再定義し、新しい価値を提案していくのです。

　このような観点から、バリュー・イノベーションでは、コストを削減すると同時に、差別化を実現することが可能になります。従来の戦略では、コスト削減と差別化はトレードオフの関係にあり、同時に達成する

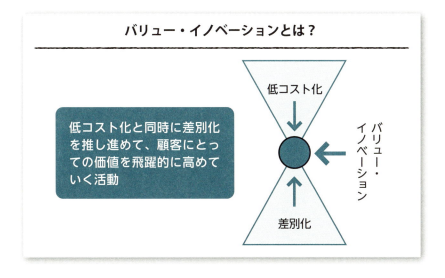

ことは非常にむずかしいとされてきました。ところが、バリュー・イノベーションを導入することにより、コスト削減と差別化を同時に進めてこれまでになかった製品やサービスを生み出すことができるようになるのです。

「低コスト化と差別化はこれまで相容れないものだと思っていましたが、バリュー・イノベーションでは、その2つを同時に達成しなければならないんですね。かなりハードルが高そうに感じますが……」

「たしかに、バリュー・イノベーションを起こすことはそう簡単ではないのは事実です。それゆえもし実現できれば、業界を大きく変える力を秘めていることは山田さんにもわかるでしょう」

「続いて、バリュー・イノベーションの起こし方について説明していきましょう」

Section2 バリュー・イノベーションの実行プロセス①

〈プロセス1〉市場の境界線を引き直す

　バリュー・イノベーションは「**6つのプロセス**」を経て実行に移されます。6つのプロセスは次のようになります。

1. 市場の境界線を引き直す
2. 戦略をビジュアル化する
3. 新たな需要を掘り起こす
4. 正しい順序で戦略を考える
5. 組織面のハードルを乗り越える
6. 実行を見据えて戦略を立てる

市場の境界線を引き直すための「6つのパス」

　最初に、「**市場の境界線を引き直す**」というプロセスから見ていきましょう。バリュー・イノベーションを起こすためには、従来の市場の定義から視点を変え、市場を捉え直してアイデアを考えていくことが有効になります。市場を過去の延長線上で捉えるのではなく一度リセットして、市場の境界線を引き直していくことが重要なカギを握るのです。
　ここでは「**本当の顧客は誰か？**」、そして「**主たる機能は何か？**」を明確化していきます。この市場の境界線を引き直すためには次の「**6つのパス**」が考えられます。

①代替産業に目を向ける
②業界内の他の戦略グループから学ぶ
③違う買い手グループにフォーカスする
④補完財や補完サービスを検討する
⑤機能志向と感性志向を切り替える
⑥将来を見通す

①代替産業に目を向ける

　まずは、「**代替産業に目を向ける**」ことによって市場の境界線を引き直していきます。

　通常、企業は直接競合となるライバル企業の製品やサービスを十分に調査して対抗製品を開発しますが、このような対応ではバリュー・イノベーションにつなげることはむずかしいといえるでしょう。

　自社が属する業界ばかりでなく、代替産業にまで視野を広げることによって、これまでとは違った発想の製品やサービスを開発することが可能になるのです。

　ここでは、「**自社の代替産業とは何か？**」ということを把握すること

代替産業に目を向ける

NTTドコモのiモードは、パソコンのインターネットという代替産業からアイデアを取り入れることによって爆発的なヒットを記録した

が先決です。

「代替産業」とは、自社製品以外で同じ顧客の欲求を満たす製品を提供している業界のことです。

代替産業に目を向けて、代替産業のメリットを自社のアイデアに取り込んで新たな商品やサービスを検討することにより、バリュー・イノベーションにつながっていくのです。

②業界内の他の戦略グループから学ぶ

市場の境界線を引き直す2つ目の方法は、「**業界内の他の戦略グループから学ぶ**」ということです。

業界には一般的に複数の戦略グループが存在します。戦略グループは

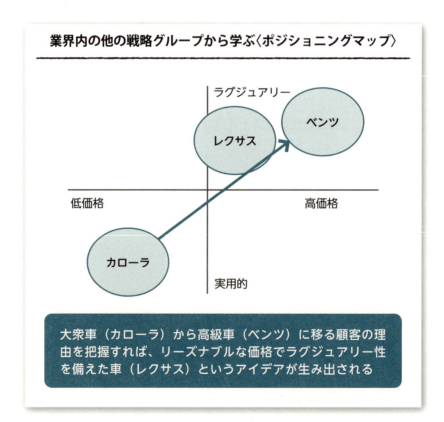

通常、どの企業群がどのような戦略の下で活動しているかという**「ポジショニングマップ」**を描いてみると、一目瞭然となります。

一般的に、価格とパフォーマンスで業界を分類すると、必要最低限の機能のみを備えている製品を低価格で提供する企業グループと、高い機能を持つ高級な製品を高価格で提供する企業グループといった戦略グループに分けることができます。

顧客の視点から見れば、永遠に同じ戦略グループにとどまるのではなく、違うグループに移ることがあります。そして、顧客が各戦略グループを渡り歩くときに、どのような理由があるのかを明らかにすることによって、バリュー・イノベーションにつながるアイデアが生み出されることになるのです。

③違う買い手グループにフォーカスする

市場の境界線を引き直す3番目の方法は、**「違う買い手グループにフォーカスする」**ことです。

買い手を複数の特徴を持ったグループに分類し、ライバル企業と違う買い手グループをターゲットとすることで、従来とはまったく違う製品のアイデアが生み出されることにつながっていくのです。

一般的に、企業は実際に製品を使用する「使用者」に焦点を当てて製品開発を行なっていきますが、買い手は使用者ばかりとは限りません。製品の購入に際して代金を負担する「購入者」や、製品の購入に影響を与える「影響者」という買い手グループも存在するのです。

たとえば、家庭の男性用下着に関していえば、夫の下着を妻が購入するパターンが多いでしょう。

男性用下着の使用者は夫になるので、企業は男性的な視点からデザインや製品開発を行なっていくのが普通です。ただ、購入する役割を妻が担うのであれば、決め手は、女性の視点から見て「どの下着を夫に着けてもらいたいか？」になるのです。

つまり、もし多くの企業が使用者の男性の目線でデザインや製品開発

を行なうのであれば、購入者であり、影響者でもある女性の好みとは大きなギャップが生じる可能性も考えられるのです。

ライバル企業と違う購入者や影響者という買い手グループにフォーカスすれば、まったく違った製品のアイデアが生まれる可能性があります。もちろん、企業にとって買い手に複数のグループが存在すれば、すべての関係者の要求を満たす製品のアイデアを考えつけばそれに越したことはないのですが、すべての人の要求を満たすことは現実的ではありません。

そこで、いずれか一つの買い手グループにフォーカスして、その買い手グループをとことん満足させるアイデアを考えていけば、より現実的なビジネスを展開できるようになるというわけです。

重要なポイントは「**どの買い手グループが決定権を握っているか？**」、そして「**その買い手グループは従来業界では重要視されていなかったグループか？**」ということになります。

ライバル企業が見落としてきた買い手グループだからこそ、斬新なバリュー・イノベーションのアイデアが生み出されることにつながるのです。

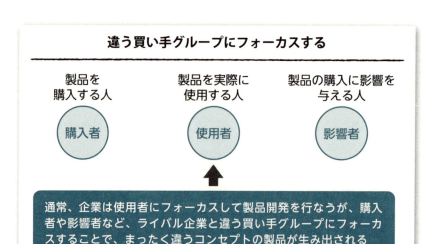

違う買い手グループにフォーカスする

製品を購入する人 — 購入者
製品を実際に使用する人 — 使用者
製品の購入に影響を与える人 — 影響者

通常、企業は使用者にフォーカスして製品開発を行なうが、購入者や影響者など、ライバル企業と違う買い手グループにフォーカスすることで、まったく違うコンセプトの製品が生み出される

④補完財や補完サービスを検討する

市場の境界線を引き直す4番目の方法は、**「補完財や補完サービスを検討する」**ことです。

通常、企業は単品として製品やサービスを販売することによって顧客のニーズに対応しています。ところが、身近な事例を考えればわかるように、製品やサービスというのは単品でニーズを満たすことはほとんどないといっても過言ではないでしょう。たいていの場合、顧客は単品ではなく複数の製品やサービスと組み合わせて利用しているのです。

そこで、自社の製品やサービスを補う補完財や補完サービスの存在に気がつけば、自社の製品やサービスの価値を飛躍的に高めるバリュー・イノベーションを起こすことができるようになります。

ここで重要なのは、顧客が自社の製品やサービスを利用して**「どのようなトータル・ソリューションを望んでいるのか？」**を正確に把握することです。

たとえば、カフェであれば、お店で提供するコーヒーだけでなく、「飲む環境」という補完サービスを検討すれば、ライバル企業とは競合しないビジネスを生み出すことも可能になるのです。

補完財や補完サービスを検討する

スターバックスはコーヒーという商品を販売するのではなく、コーヒーを飲む環境という補完サービスを併せて提供することにより、大きな成功を収めている

⑤機能志向と感性志向を切り替える

　市場の境界線を引き直す5番目の方法は、「**機能志向と感性志向を切り替える**」ことです。

　「機能志向」とは、製品やサービスにどのような機能が備わっているかで、その製品やサービスの価値が決定されることです。たとえば、家電製品などで機能の多寡によって価値が決定される場合は、機能志向の業界ということができます。

　また一方で、「感性志向」とは、顧客の感性によって製品やサービスの価値が決定されることであり、具体的にはファッションなど、顧客各自の好みによって価値が決定される業界が該当します。

　一般的に同じ業界であれば、製品やサービスを機能志向と感性志向に分類すると同じ志向において競争を行なっている場合が多いでしょう。ただ、同じ方向性で競争を行なっていれば、なかなかバリュー・イノベーションを起こすことはできません。そこで、機能志向の業界であれば感性志向を、そして感性志向の業界であれば機能志向を目指すことによ

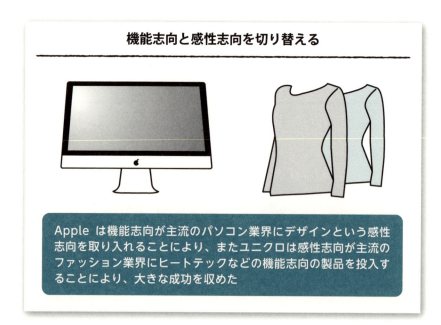

機能志向と感性志向を切り替える

Appleは機能志向が主流のパソコン業界にデザインという感性志向を取り入れることにより、またユニクロは感性志向が主流のファッション業界にヒートテックなどの機能志向の製品を投入することにより、大きな成功を収めた

り、まったく新たな製品開発につなげることができるのです。

　機能志向で差別化の要素がほとんどない場合、感性志向の要素を取り入れて顧客の感性に訴えかける製品開発を心がければ成功につながりやすくなります。逆に、感性志向で過剰なサービスを付加した製品やサービスの場合、機能志向を取り入れて無駄なサービスを削り取って、シンプルな製品やサービスにすることにより、価格も低価格が実現でき、これまで以上に顧客を引きつけることも可能になるのです。

⑥将来を見通す

　市場の境界を引き直す6番目の方法は、「**将来を見通す**」ことです。変化する将来を見通して、ライバル企業がまだ取り組んでいないビジネスでバリュー・イノベーションを起こしていくのです。

　ただ、この将来を見通すという方法がむずかしいのは、そのタイミングにあります。まさに適切なタイミングでアイデアを生み出し、適切なタイミングで市場に投入しなければ、バリュー・イノベーションの成功

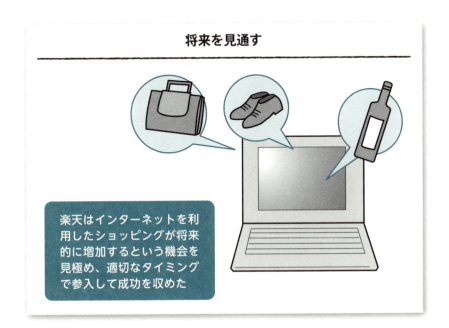

将来を見通す

楽天はインターネットを利用したショッピングが将来的に増加するという機会を見極め、適切なタイミングで参入して成功を収めた

はありえないからです。

　いくら素晴らしいバリュー・イノベーションのアイデアでも、製品の投入が早すぎれば市場で受け入れられずに事業が育たないまま終わる可能性も高くなりますし、逆に遅すぎればライバル企業に先んじられ、市場にインパクトを与えられずに苦しい戦いを強いられることになります。

　そうならないためにも、市場の変化を見極めてバリュー・イノベーションのアイデアが生まれたら、適切なタイミングでスピーディーに事業化を進め、先頭を切って市場を切り開いていく覚悟が重要なカギを握るのです。

「なるほど。たしかに通常同じ業界であれば、同じような顧客に対してビジネスを展開しているので、同じような製品しか開発できずに競争に陥ってしまいますが、6つのパスを活用して市場の境界を引き直せば、これまでとはまったく違う発想の製品開発につながっていくということなんですね」

「そう。最初からライバル企業とは同じ土俵に立って競争を行なわないという前提に立ってスタートすることが重要なんです」

「続いて、企業の戦略をビジュアル化し、新戦略を具体化するプロセスについて説明していきましょう」

Section3　バリュー・イノベーションの実行プロセス②

〈プロセス2〉
戦略をビジュアル化する

　前述の6つのパスを通して、バリュー・イノベーションのイメージが膨らんだら、具体的な戦略に落とし込むために**「戦略キャンバス」**を描いていきます。

　戦略キャンバスとは、自社の戦略とライバル企業の戦略を比較するツールで、横軸に業界の各社が力を入れる競争要因を並べ、縦軸にどのくらいその競争要因を重要視しているのかという程度を示したグラフになります（次ページ参照）。

　この戦略キャンバスを描くことにより、現状の業界の戦略ポジションが一目瞭然となりますし、自社にとっては将来どのような戦略を立てればバリュー・イノベーションにつながるかを視覚的に確認することができるようになるのです。

　この戦略をビジュアル化するプロセスでは4つのステップで、バリュー・イノベーションにつながる新戦略を具体化していきます。

〈ステップ1〉
目を覚ます

　〈ステップ1〉では、現状自社の置かれた状況を戦略キャンバスに落とし込み、「**いまのままの戦略でいいのか？**」「**それともバリュー・イノベーションを起こすために新しい戦略が必要なのか？**」を検討していきます。

　たとえば、かつてのノートパソコン業界を例に取ると、企業は価格や機能、デザイン、携帯性、堅牢性などで激しい競争を繰り広げてきまし

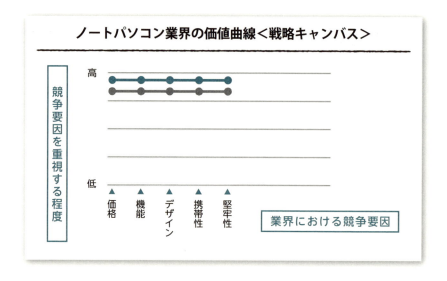

た。ほとんどの企業が高性能を追求し、価格としては、高いものにならざるを得ませんでした。

　この競争を戦略キャンバスに落とし込むと、すべての企業が同じような戦略を示した「**価値曲線**」を描くことがわかります。

　このように、戦略キャンバスを描いて自社の価値曲線が他社と同じようなカーブを描いていれば競争が激化している証であり、バリュー・イノベーションを起こすためには新しい戦略が必要となってくることがわかるのです。

〈ステップ2〉
自分の目で現実を知る

　〈ステップ1〉で、これまでにおぼろげにしか把握していなかった業界の競争を戦略キャンバスに落とし込むという活動を通してビジュアル化したら、次に実際に現場に足を運んで現実を知る必要があります。

　現場の実情を知らなければ、バリュー・イノベーションを起こすための効果の高い戦略を立てることなどできないからです。たとえば、ノー

アクション・マトリクス

取り除く	増やす
使用頻度の低いソフトウェア	画面の小型化による携帯性

減らす	付け加える
CPUの性能 ハードディスクの容量 堅牢性	通信会社との提携による購入者の支払い負担を軽減した支払方法

4つのアクションをアクション・マトリクスに落とし込んで整理する

トパソコンのメーカーであれば、家電量販店に出向いて販売されている状況を確認したり、実際の顧客を訪問してどのような使われ方をしているのかをチェックしたりしなければならないのです。

　この〈ステップ2〉で重要なのは、バリュー・イノベーションを起こすために、これまでの戦略のうち、「何を付け加えるのか？」「増やすのか？」、また「減らすのか？」「取り除くのか？」という**「4つのアクション」**を検討することです。

　中でもとくに重要なのが**「取り除く」**と**「付け加える」**を考えていくことです。この2つのアクションは、これまで業界の枠組みを超えてまったく新たな領域でビジネスを展開することにつながるからです。

　そして、徹底的に考え抜いた4つのアクションを**「アクション・マトリクス」**に落とし込み、新たな価値曲線を描く準備を行なうのです。

〈ステップ3〉
ビジュアル・ストラテジーの見本市を開く

　通常、バリュー・イノベーションを起こす戦略を検討する際には、一

つのプロジェクトチームだけではなく、複数のプロジェクトチームで進めていくと効果的です。各チームが現状の戦略キャンバスをベースに4つのアクションを検討したうえで、新たな価値曲線を何度も描き直していきます。

そして、最終的に描かれた数々の戦略キャンバスを、非顧客を招いた会場で発表して、非顧客の反応を見ながら、最も優れた戦略を決定していくのです。

この戦略キャンバスの発表会は「ビジュアル・ストラテジーの見本市」と呼ばれています。たとえば、2チームでそれぞれ5つの戦略キャンバスを作成したら、1枚につき10分程度でそれぞれの戦略の特徴を招待顧客の前でプレゼンテーションしていきます。

通常、優れた戦略はシンプルなものが多いために、説明に10分以上かかるようでは成功する見込みが低くなるといえるでしょう。各戦略キャンバスのプレゼンテーションが終わったところで聞き手の投票を行ない、優れた戦略を決定していきます。

そして、最終的にどの戦略が気に入ったか、もしくは気に入らなかったかの理由を確認することによって、さらに戦略の精度を高めることにつなげていくのです。

〈ステップ4〉
新戦略をビジュアル化する

最終的に新戦略が確定したら、社員全員が共通の認識でバリュー・イノベーションに取り組むことができるように、新戦略をビジュアル化して共有すると効果的です。

各セクションのリーダーは、新旧の戦略を戦略キャンバスに落とし込み、どのように戦略転換を図って、バリュー・イノベーションを目指していくのかを組織内で共有します。

また、4つのアクションを通して、各自がこれまでの活動に何を加え、

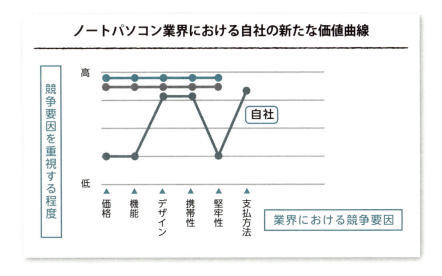

増やし、減らし、取り除くのかを明確にすることによって、社員一人ひとりの取り組むべき活動が明らかになり、社員一丸となって効率的にバリュー・イノベーションに取り組むことができるようになるのです。

🧑‍🦰「戦略キャンバスを活用すれば、いかにこれまで自社がライバル企業と同じようなレベルで競争を繰り広げていたかがわかりますね」

👨「そうです。だから、4つのアクションで差別化と低コスト化を同時に検討していくことで、バリュー・イノベーションを実現し、まったく競争とは無縁の戦略を生み出すことにつながるんです」

👩「そして、新たに描いた価値曲線がメリハリのあるものであれば、成功する確率も高まってくることにつながります。続いて、バリュー・イノベーションで新たな需要を掘り起こす方法について見ていきましょう」

Section4　バリュー・イノベーションの実行プロセス③

〈プロセス3〉
新たな需要を掘り起こす

　バリュー・イノベーションを起こそうと試みる限りは、小さなマーケットに甘んじるのではなく、社会的に大きなインパクトを与えるような大きなマーケットを切り開いていくべきです。

「非顧客に焦点を当てる」という考え方と「脱セグメンテーション」という考え方

　通常のビジネスでは新市場を攻略しようとする際に規模のリスクが発生する可能性が高くなりますが、バリュー・イノベーションではできる限り多くの需要を満たすべく独自のターゲティングで規模のリスクを回避していきます。

　そのために、バリュー・イノベーションでは、従来のビジネスと2つの点で異なる考え方が重要になってきます。

　一つは、**「既存顧客ではなく、非顧客に焦点を当てる」**という考え方。もう一つは、ターゲットは絞り込むのではなく、特定のセグメントには絞り込まない**「脱セグメンテーション」**という考え方になります。

　既存顧客とそれ以外を比べれば、既存顧客以外の数が圧倒的に多いのは誰の目にも明らかでしょう。その広大なマーケットを属性で絞り込むことなく、共通点に目を向けて取り込んでいく戦略を考えていけば、ライバル企業も狙わない未開の市場で大きな成功を収めることにつながっていくのです。

非顧客層の
3つのグループ

　具体的には、バリュー・イノベーションの下では、非顧客を3つのグループに分類して、それぞれのニーズやウォンツに着目して戦略を検討していきます。

　まず、非顧客の第1グループは、現在自社が属する業界の製品を利用してはいるけれども、他の業界の製品で優れたものがあれば、すぐにでも自社製品の利用を止めて他の業界へ移っていく人たちです。

　次に、非顧客の第2グループは、自社の属する業界の製品をあえて使用しないと決めた人たちです。製品自体に満足できないという理由や、価格が高すぎるという理由で、自社が属する業界ではなく他の業界の製

新たな需要を掘り起こす（非顧客層の3つのグループ）

- 第1グループ：市場の縁にいるが、逃げ出すかもしれない層
- 第2グループ：あえてこの市場の製品やサービスを利用しないと決めた層
- 第3グループ：市場から距離のある未開拓の層

出所：『ブルー・オーシャン戦略』（ダイヤモンド社）

バリュー・イノベーションでは既存顧客ではなく非顧客を3つのグループに分けて共通のニーズを解消することを心がける

品を利用する非顧客層といえます。

　最後に、非顧客の第3グループは、これまで業界でまったく顧客の対象とみなされず、見落されてきた人たちになります。常識的に考えて、自社が属する業界の製品やサービスを使用するとは考えられないために、業界内のどの企業もこれまでまったくアプローチしてこなかった非顧客層ということになります。

　そして、これら3つの非顧客グループを顧客化するためには、顧客層の違いにフォーカスするのではなく、各グループの共通したニーズやウォンツを発見することによって、これまで業界で見落とされていた広大なマーケットで新たな需要を掘り起こすことができるようになるのです。

「なるほど。バリュー・イノベーションではこれまでの顧客ではなく、非顧客に着目して新たな需要を掘り起こしていくことになるんですね」

「そう。そのほうがより広大な需要を捉えていくことができるからです」

「ただし、対象とする顧客の数が多くなるだけに、違いではなく共通のニーズを浮き彫りにしていくことが重要になってきます。続いて、正しい順序で戦略を考えるプロセスについて見ていきましょう」

Section5　バリュー・イノベーションの実行プロセス④

〈プロセス4〉
正しい順序で戦略を考える

　これまで、バリュー・イノベーションにつながる6つのパスを検討し、ライバル企業との戦略を比較しながら、より成功の可能性を高める戦略キャンバスも描きました。そして、より多くの顧客を獲得するために、既存顧客以外の広大なマーケットを切り開く方法も探ってきました。

　続いては、戦略の最終段階として、ビジネスモデルを築いていかなければなりません。そのために重要なカギを握るのが、「正しい順序で戦略を考える」ということなのです。

　バリュー・イノベーションを成功に導くためには、次の順番で戦略を考えていく必要があります。

⑴買い手にとっての効用を高める
⑵より多くの顧客が購入する価格を設定する
⑶十分な収益の上げられるコストを実現する
⑷BOIインデックスで実現への手立てを最終確認する

効用戦略を考える

　まず、ビジネスモデルを組み立てるにあたって最初に行なうのが「買い手（顧客）にとっての効用を高める」ということです。多くの顧客を引きつけるためには、バリュー・イノベーションによって生み出された

新たな製品が、これまでの製品と比べものにならないくらいの効用を実現していなければなりません。

この買い手にとっての効用を高めることができるかどうかは、「**効用マップ**」で確認することができます。効用マップとは、横軸に顧客の経験ステージ、縦軸にメリットを生み出す要因を配置したマトリクスです。

顧客の経験ステージでは、顧客が製品の購入を決めるプロセスから廃棄するプロセスまでを6つに分けていきます。一般的に顧客は製品を購入すると、その納品を待つことになります。そして、購入した製品が納入されると使用を開始し、その製品が単独で使用できない場合は他の製品と併用して使うことになります。

それから、その製品を使用している間は保守管理を行なって、最後に使えなくなった段階で廃棄処分を行なうというプロセスを経ていきます。つまり、顧客の経験ステージは「**購入**」「**納品**」「**使用**」「**併用**」「**保守管理**」「**廃棄**」という6つのステージで表わすことができます。

一方、この6つの顧客の経験ステージにおいて、「**顧客の生産性**」「シ

買い手の効用マップ

顧客の経験ステージ

メリットを生み出す要因	購入	納品	使用	併用	保守管理	廃棄
顧客の生産性						
シンプルさ						
利便性						
リスクの低減						
楽しさや好ましいイメージ						
環境への優しさ						

出所:『ブルー・オーシャン戦略』(ダイヤモンド社)

買い手の効用マップを作成してどこで顧客が不便を感じているか、また新たな戦略でどのくらい効用が高まるかを確認する

ンプルさ」「利便性」「リスクの低減」「楽しさや好ましいイメージ」「環境への優しさ」という6つのメリットがあれば、買い手の効用を高めていくことができます。

このように、効用マップの36のマス目で自社の新製品がどのくらい効用を提供できているかを確認すれば、バリュー・イノベーションの成功の可能性が事前に予想できるようになるのです。

価格戦略を決める

買い手にとっての効用を高めるビジネスモデルができ上がれば、続いては価格を検討していきます。価格戦略では、製品の市場投入と同時に多くの人の需要を喚起する価格を設定することを心がけていかなければなりません。そのために**「プライス・コリドー・オブ・ザ・マス」**と呼ばれるツールを活用していきます（151ページ参照）。

このプライス・コリドー・オブ・ザ・マスでは、ファーストステップとして顧客の密集する価格帯を見極めていくことになります。

・第1段階

まずはどの企業でも行なっているように、同じような形態や機能を持つ製品がどのような価格で販売されているのかを調査・分析していきます。たとえば、自動車メーカーであれば価格設定を行なう場合、自社の前のモデルの価格やライバル他社の新モデルの価格を調査していくのです。

バリュー・イノベーションにあたっては、この一般的な対象に加えて、"形態は異なるが機能は同じ製品"と"形態や機能は異なるが目的が同じ製品"というこれまで比較検討してこなかった分野の製品の価格についても調査・分析していかなければなりません。

"形態は異なるが機能は同じ製品"とは、自動車でいえば、オートバ

イが該当します。自動車とオートバイは、高速で移動するという同じ機能は備えているものの、形態は異なるからです。

　一方、"形態や機能は異なるが目的が同じ製品"とは、同じように自動車でいえば、住宅などが当てはまるでしょう。自動車を自身のステータスを表わすものの象徴として購入する際には、同じように豪華な一戸建てや高級マンションなども同じ目的といえるからです。

　そして、これら３つの分野の違いを踏まえて、プライス・コリドー・オブ・ザ・マスを作成していきます。"形態も機能も同じ製品""形態は異なるが機能は同じ製品""形態や機能は異なるが目的が同じ製品"といった３つの分野における価格を調査し、一つの図表にまとめて顧客の密集する価格帯を見極めていくのです。

　プライス・コリドー・オブ・ザ・マスでは、横軸に製品のこれら３つの分野を配置し、縦軸に価格を取ります。そして３つの分野それぞれに調査した価格帯を円で表わしていきます。

　このとき、円の大きさはそれぞれの製品やサービスが引きつける買い手の数に比例して描いていきます。つまり、最も多くの買い手を引きつける価格帯では大きな円、そして価格設定は行なわれているけれども、安すぎたり、高すぎたりといった理由で顧客をあまり引きつけない価格帯は小さな円で表わしていくことになります。こうすれば、顧客の密集する価格帯を発見することができるでしょう。

・第２段階
　続いて、見極めた価格帯で具体的にどのような価格設定にするのかを決定していきます。ただ、どのレベルに価格を設定するのかは製品の特徴によって変わってきます。
　まず、自社の製品が法律や特許によって強く保護されている場合や簡単に真似することがむずかしい場合は、顧客の密集する価格帯の最も高いレベルで価格設定を行なうことが可能になります。
　一方で、法律や特許などで保護することができず、比較的真似のしや

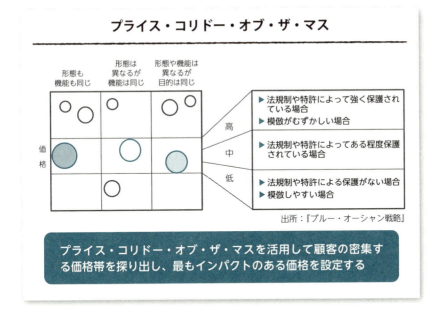

すい製品の場合は価格を高めに設定すると、爆発的な売上が上がった途端にライバル企業が次々に参入して市場での競争が激化してしまう恐れがあります。

そこで、最初から低い価格を設定して市場にインパクトを与え、ライバル企業の参入を阻止していかなければいけません。つまり、法律や特許などで保護されておらず真似されやすい製品は、顧客の密集する価格帯の下限で価格を設定する必要があるのです。

コスト戦略で利益を実現する

価格戦略で、多くの顧客を引きつけるインパクトのある価格設定を実現しても、利益が上がらなければ、事業を継続することができません。そこで、価格設定から十分な収益を上げることのできる目標コストを実現していかなければなりません。

バリュー・イノベーションでは、次の３つの手法を用いて、目標コストを実現していきます。

①合理化

　コスト削減で最も一般的な方法は、現状の業務オペレーションの「合理化」を図って、業務のさまざまな段階でコストを削減していくことです。企業は仕入れから販売に至る主活動と、その主活動を支える技術開発や財務、労務などの支援活動という業務オペレーションを通して事業を行なっています。この各段階で無駄なコストを発見し、削減していくことによってコスト目標を達成していくというわけです。

　たとえば、これまで使用していた原材料を見直したり、製造拠点を人件費の安い地域に移転したりすることで、長期的な観点からコストを削減していく必要があるでしょう。

②アウトソース

　自社のバリュー・チェーンの中で、非効率なプロセスや高コストのプロセスは、「アウトソース」を行なってコストを削減することもできます。業務のすべてを自社で行なえば、無駄なコストも多くなり、高コスト体質につながっていく場合があります。そこで、そのプロセスを専門の業者に任せることにより、コストを削減していくのです。

③価格イノベーション

　これまでの２つの方法を用いてもなかなか目標コストに到達しない場合には、「価格イノベーション」に取り組む必要があります。価格イノベーションでは、戦略価格の水準はそのままにして業界の価格モデルを覆して市場にインパクトを与える価格を提供していきます。

　この価格イノベーションには３つの方法があります。

　１つ目は、「**タイムシェアリング**」です。タイムシェアリングとは、普通に販売すれば高額な製品やサービスを時間単位で販売することによ

り低価格を実現していく方法です。

　たとえば、コインパーキングなどがタイムシェアリングを利用したビジネスモデルといえます。通常、月極めであれば数万円はかかる駐車料金を時間貸しにすることによって「30分100円」という驚きの価格設定をしても利益を出すことができるのです。

　このタイムシェアリングにより、どんなに高価な製品やサービスでも劇的に安い価格を設定することが可能になり、より多くの需要を喚起できるようになるというわけです。

　2つ目は、**「スライスシェア」**と呼ばれる方法です。スライスシェアでは、製品を小口化して多くの顧客が手の届きやすい戦略価格に設定していくことになります。

　たとえば、ピザ1枚丸々では3000円など、1人では手軽に買うことはできませんが、10等分にスライスして1枚300円になれば、より多くの人が気軽に購入できるようになります。

　このように、高額な価格がネックになって購入しなかった層でも、小口化され、価格が手頃になれば、購入を検討するようになり、市場を大きく広げることができるのです。

　最後の3つ目は、**「価格という概念を捨て去る」**ということです。これは、無料で製品やサービスを提供して売上を上げるという方法になります。製品自体を無料で提供し、付随する製品やサービスで利益を上げていくというビジネスモデルになります。

　たとえば、**Google**は無料で検索サービスを提供しています。検索エンジンのプログラムは日々進化していますので、開発コストも莫大なものになります。そのサービスを無料で提供すれば、もちろん赤字になってしまいます。そこで、Googleでは検索結果に広告を掲示することにより、その広告がクリックされるごとに広告料が入ってくる仕組みになっています。世界で何十億人が利用すれば、検索エンジンを無料で提供したとしても広告料だけで莫大な収入を得ることができるのです。

BOIインデックスで
実現の可能性を探る

　ビジネスモデルを構築する最終段階として、「**BOI（ブルー・オーシャン・アイデア）インデックス**」というツールを活用して戦略の有用性を確認していく必要があります。

　BOIインデックスでは、4つの項目において新たに立てた戦略が条件を満たしているかどうかを確認し、最終的にバリュー・イノベーションを実行に移して成功できるかどうかを判断していくことになります。

　その4つの項目とは、「**効用**」「**価格**」「**コスト**」「**導入**」であり、それぞれの項目について簡単な質問に答えることによって、バリュー・イノベーションの成否を見分けることが可能になるのです。

①効用

　まず、第1の関門である「効用」においては「**新たな製品はこれまでの製品と比べものにならないくらいの効用を実現しているだろうか？**」「**この製品はどんなことがあっても購入したいと消費者が思うだろうか？**」という質問に答えていきます。

　この質問にYESと自信を持って答えられるようなら、次の項目に移っていきます。

　一方、この質問にYESと答えられない場合は、再度効用マップを活用してビジネスモデルを練り直す必要があります。

②価格

　次に、第2の関門は「価格」ということになります。この項目においては「**多くの人の需要を喚起するに値する価格か？**」という質問をしていきます。ここで十分にインパクトのある価格設定を行なっていれば次の項目に移り、価格設定に不安がある場合は価格戦略に戻って、プライス・コリドー・オブ・ザ・マスを活用して再度最適な価格を検討してい

バリュー・イノベーション

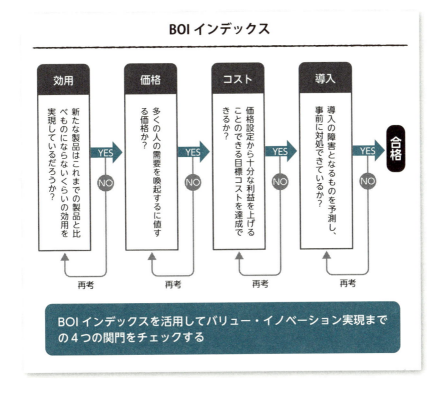

きます。

③コスト

そして、第3の関門は「コスト」になります。このコストでは**「価格設定から十分な収益を上げることのできる目標コストを達成できるか？」**という質問に答えていきます。インパクトのある価格設定でも十分な収益を上げることができるようなら、BOIインデックスの最終関門に進んでいきますし、目標コストを達成することができないようなら、コスト戦略に立ち戻ってコスト削減を検討していかなければなりません。ただ、どうやっても目標コストを実現できないという場合は、価格イノベーションを起こして業界の価格概念を覆した方法を導入する必要もあるでしょう。

④導入

ここまで３つの関門をクリアすれば、いよいよ最終関門である「導入」をチェックしていきます。ここでは**「導入の障害となるものを予測し、事前に対処ができているか？」**という質問に答えていきます。

通常、バリュー・イノベーションにはこれまでの戦略を否定する部分が多く含まれるので、既得権益を守りたい保守的な関係者の抵抗も十分に考えられます。このような組織的な障壁を事前に予測して、関係者に十分な根回しを行なったうえで実行に移さなければ、いかに優れた戦略といえども実行段階で頓挫する可能性も高くなります。

このように、バリュー・イノベーションを成功に導くためには、実行する前に将来の障害を予測して、事前に取り除いておくことが非常に重要なポイントになるのです。

「バリュー・イノベーションを実現するためには、正しい順序で戦略を検討していく必要があるんですね」

「そうです。４つの関門をすべて乗り越えることによって、成功の確率は飛躍的に高まっていくのです」

「ただ、バリュー・イノベーションは戦略を立ててそれで終わりというわけではなく、いかに実行に移せる組織づくりを行なうかということも重要なカギを握ります。続いて、その組織づくりを見ていきましょう」

Section6　バリュー・イノベーションの実行プロセス⑤

〈プロセス5〉
組織面のハードルを乗り越える

　いくら素晴らしい戦略が策定できたとしても、それが忠実に実行に移されなければ、成果が上がることはありません。とくにバリュー・イノベーションのような新たな試みでは、組織の抵抗は避けることはできないでしょう。

　通常、バリュー・イノベーションを成功に導くためには次の4つの組織面のハードルを乗り越えていかなければなりません。この組織面のハードルを乗り越えていく際には、影響力のとくに大きな要因に着目して、新たな活動を組織内に短期間で普及させていく**「ティッピング・ポイント・リーダーシップ」**が重要なカギを握ります。

①意識のハードル
②経営資源のハードル
③士気のハードル
④政治的なハードル

〈第1のハードル〉
意識のハードル

　最初に変革を起こさなければならないのが、社員の意識面のハードルです。新たなことに取り組む際には、必ず「いまのままで十分なのに、新しいことをわざわざ始める必要があるのか?」と反発する社員が現わ

れます。

バリュー・イノベーションはほんの一握りの組織で成し遂げられる取り組みではなく、全社が一丸となって取り組まなければ成功もおぼつきません。そこで、新たな取り組みに反発する社員の意識を変えていく必要があるのです。

短期間で意識改革を実現するためには、「変わらなければ企業の存続自体が危ぶまれる」という危機的な状況を実際に体験してもらうことが効果的です。たとえば、悲惨な生産現場や顧客からの苦情がひっきりなしに寄せられる販売現場など、変化に反対する社員に会社の直面している現実を実際に体験してもらうことにより、変化の必要性を強く認識させることができるようになるのです。

〈第2のハードル〉
経営資源のハードル

戦略を実行に移そうにも、経営資源が十分でないと嘆く企業も多いことでしょう。このような経営資源のハードルに対しては3つの考え方で乗り越えていくことが可能です。それは、**「重点領域」「非重点領域」「資源交換」**を見極め、現状の経営資源を効率的に活用していく方法です。

重点領域とは、少ない経営資源で業績が飛躍的に向上する可能性のある活動であり、非重点領域とは逆に多くの経営資源を投入しても、業績の向上にはあまりつながらない活動です。

そして、資源交換とは、部門間でそれぞれ余剰となっている経営資源を交換して、不足する経営資源を補う活動になります。このように、まずは非重点領域を見極められれば、そこから経営資源を引き上げ、重点領域に投入していきます。

加えて、資源交換で経営資源の不足を補うことができれば、経営資源のハードルを克服して、経営資源を増やすことなく、飛躍的な業績の向

上を実現することができるようになるのです。

〈第3のハードル〉
士気のハードル

　バリュー・イノベーションを起こす際に、全社員の士気を高めることは欠かせませんが、全社員の士気を短期間で高めるには高いハードルが存在します。一般的に全社員の士気を高めるために、経営者は時間をかけて壮大なビジョンを組織に浸透させ、大きな反響を引き出すなど大々的な行動をとります。

　ただ、バリュー・イノベーションでは、短期間で特定の分野に集中することで全社員の士気を高めていきます。とくに高い3つの要素として**「中心人物」「金魚鉢のマネジメント」「細分化」**が挙げられます。

　短期間で社員の士気を上げるためには、全員に働きかけるよりは、まずは大きな影響力を与える「中心人物」を特定し、その人物に集中的に働きかけていくのです。

その中心人物から賛同を得られれば、続いてその中心人物を"金魚鉢"の中に入れていきます。つまり、金魚鉢の金魚のように、中心人物の行動が誰にでも目立つような仕組みをつくり、繰り返し多くの社員にバリュー・イノベーションの重要性を伝えていくのです。これが「金魚鉢のマネジメント」と呼ばれている手法になります。

　結果として、影響力の大きい中心人物が新たな試みに対して意欲を燃やしている様が多くの社員に伝わり、短期間で士気を高めていくことにつながっていくのです。

　また、目標の「細分化」も、士気を高めるには非常に効果を発揮します。壮大な目標を掲げるだけでは、「そんなことが本当に実現されるのだろうか？」と多くの社員が疑心暗鬼となり、本気でバリュー・イノベーションに取り組むことはできないでしょう。そこで、目標を細分化して、目標達成の可能性を高めることで社員のモチベーションを高めていくことも可能になるのです。

士気のハードル

金魚鉢のマネジメント

士気のハードルを乗り越えていくためには影響力の大きい中心人物を特定して誰からでもすぐに行動がわかりやすくするために、"金魚鉢"の中に入れ、各自の仕事を細分化して役割を明確化させることが効果的

〈第4のハードル〉
政治的なハードル

　新たな取り組みであればあるほど、既得権益を守ろうという保守的な者の抵抗にあって、活動が進まないことも多々あるでしょう。バリュー・イノベーションを成功に導くためには、このような政治的なハードルも乗り越えていかなければなりません。

　この政治的なハードルを克服するためには、**「守護神に頼って大敵を黙らせ、経営陣にアドバイザーになってもらうこと」**が効果的です。

　まず、バリュー・イノベーションを推進していくにあたって、バリュー・イノベーションで最もメリットを得る頼もしい"守護神"を見極めていきます。一方で、新たな試みで自身のポジションが危うくなるなど、バリュー・イノベーションの導入に反対する大敵は誰なのかも特定していきます。そして、このような大敵に対して、一人で戦うのではなく、守護神を味方につけて、共に戦っていくのです。そうすれば、勝利を収める可能性も飛躍的に高まるでしょう。

　さらに、最初から敵と戦うという対立の姿勢ではなく、新たな試みで不利益が生じる大敵にも何らかのメリットを提供することを心がければ、戦うことなしに味方に引き入れることもできるでしょう。また、バリュー・イノベーションを主導する人が経営トップではなく、多くの権力者が自分よりも上に存在するような場合は、経営陣にアドバイザーになってもらうことによって後ろ盾を得る方法が、政治的なハードルを乗り越えていくために効果的です。

　自分よりも権力を持つ人は、力のない人には服従することはありませんが、それが組織のトップであれば、従わざるを得ないのです。

　このように、組織における4つのハードルを乗り越えることができれば、バリュー・イノベーションの成功がグッと近づいてくることにつながるのです。

「たしかにこれまでイノベーションを起こそうとすると、まずは社員の『そんなこと、やる必要があるんですか？』という反発がありました」

「やはり、人は誰しもこれまでの延長線上にいることに安心感を覚えるからです。ただ、行動を変えなければ、結果を変えることなどできないということを理解する必要があるんです」

「それから、経営資源の問題も必ず話題にのぼってきますね。『うちの会社には大手のような経営資源がない』って……」

「多くの人は、できる方法よりもできない理由を探すほうが楽だと思っているんです」

「また、イノベーションには困難が伴うから、やはり社員の士気を高めて一丸となって取り組まないと成功などおぼつかないことも十分に理解できます」

「ただ、士気を高めるのも、悠長なことは言っていられないんです。いかに短期間でイノベーションを成功に導く体制を築くかですが、それには『金魚鉢のマネジメント』が重要な役割を果たすということなんです」

「中心人物の行動を社員に見やすくする仕組みですね」

「そうです。そして、最後の政治的なハードルも『ティッピング・ポイント・リーダーシップ』を駆使して、経営陣を味方につければ必ずうまくいくはずです。最後に、実行を見据えて戦略を立てる方法について見ていきましょう」

Section7 バリュー・イノベーションの実行プロセス⑥

〈プロセス6〉
実行を見据えて戦略を立てる

　バリュー・イノベーションを成功させるためには、組織的なハードルを乗り越えることも重要ですが、最終的に社員一人ひとりがバリュー・イノベーションの考え方に共鳴し、企業の方針を信頼して自ら積極的に自分の役割を果たしていくシチュエーションを実現していくことが重要になってきます。

　ですから、戦略を立てる段階から社員一人ひとりの自発的な行動を促す仕組みが必要となります。それが「**公正なプロセス**」と呼ばれる仕組みです。

　公正なプロセスとは、どんな社員でも平等に扱われる仕組みであり、この仕組みがうまく機能すれば、社員は自ら献身的にバリュー・イノベーションの実現に尽力するようになるのです。

公正なプロセスを実現する「3つのE」

　公正なプロセスを実現するためには、「**3つのE**」が重要なカギを握ります。

　まず、1つ目のEは"**Engagement**"、すなわち**関与**です。この関与では、社員にこれから取り組む新たな試みに意見を求めたり、他の社員が出したアイデアなどに反論する機会を与えたり、すべての社員に平等にバリュー・イノベーションに関わる機会を提供していきます。

　次に、2つ目のEは"**Explanation**"、すなわち**説明**です。一般的に企業の戦略策定においては、トップが戦略を決定し、現場の社員はトップ

ダウンで下りてきた戦略を実行するだけというパターンが多いですが、公正なプロセスでは戦略の策定理由を関係者に説明し、全員の納得を目指していくのです。トップからの命令ではなく、双方向のコミュニケーションによって行動の理由が決められれば、社員も納得して戦略の実行に取り組むことができるようになるのです。

そして、最後のEは"clarity of Expectation"、すなわち**明快な期待内容**です。この明快な期待内容では、経営陣が社員に対してバリュー・イノベーションを成功に導くためにどのような役割を期待しているのかを明確に伝えていきます。結果として、社員1人ひとりの役割が明確になることにより、目標を達成すればどのような報酬を手にすることができるのか、逆に自分の役割がまっとうできなければどのようなペナルティを受けなければならないのかということを自覚して、全精力を自身の仕事に傾けることができるようになるのです。

実行を見据えて戦略を立てる

**バリュー・イノベーションの実行段階で
成功のカギを握るのは「公正なプロセス」**

Engagement
平等に社員の**関与**を求める

Explanation
命令ではなく、**説明**を通して相互の理解を深める

clarity of Expectation
社員一人ひとりにどのような役割を期待しているのかを明確にする（**明快な期待内容**）

> 「3つのE」を実践することにより、公正なプロセスが実現される

このように3つのEを通して、社内の隅々まで公正なプロセスを行き渡らせることができれば、実行を見据えて戦略を立てることが可能になり、バリュー・イノベーションの成功確率を高めていくことができるようになるのです。

🧑「バリュー・イノベーションを成功に導くには、戦略だけでなく、実行を見据えて組織づくりをしておかなければならないことがよく理解できました」

👨「実行段階では社員一人ひとりを公正に扱うということが重要になるんです」

👩「誰もが公正に扱われることによって、バリュー・イノベーションにおける自分の役割をまっとうできるようになるということです」

🧑「バリュー・イノベーションに最適な組織づくりに取り組むことは、非常に大変なことだと思いますが、先生の教えを忠実に守って不毛な競争に巻き込まれないビジネスを展開していきたいと思います」

　山田は2人にそう伝えると、講義の内容をノートにまとめ始めた。

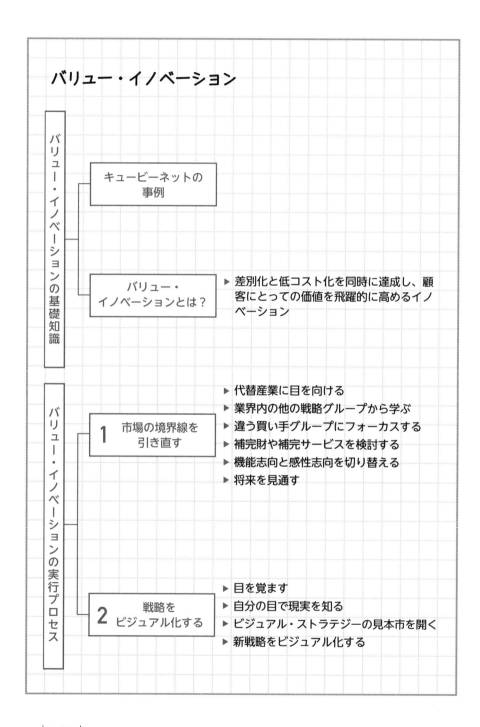

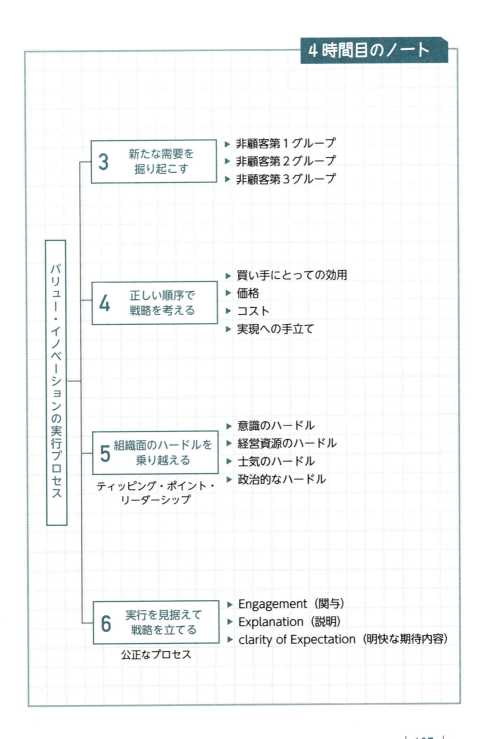

5時間目

ゴビンダラジャン教授に学ぶ
「リバース・イノベーション」

5時間目を受け持つゴビンダラジャンです。この講義では、新興国市場を攻略するために有効なリバース・イノベーションをお伝えします。今後、グローバルビジネスにおいてますます存在感が増すと予測される新興国市場で成功を収めることは、企業にとって非常に大きな意味を持ちます。その新興国市場での成功を先進国に持ち込むことができれば、これまで獲得することがむずかしかった顧客をも取り込んで、業界地図を塗り替えることができるようになるのです。

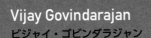

Vijay Govindarajan
ビジャイ・ゴビンダラジャン

ダートマス大学タック・ビジネススクール教授。戦略とイノベーションの分野において世界的な権威であり、隔年で発表される「最も影響力のある経営思想家」ランキング50において、2011年には3位、2013年には5位にランクインするなど、高い評価を受けている。

5時限目は、新興国でイノベーションを起こし、先進国へ還流させて企業を大きな成功に導く「リバース・イノベーション」の講義だ。受講生は、進出先のマーケットで日本とはまったく違う戦い方に苦戦するグローバル企業の海外戦略企画室に勤務する伊藤征四郎。ゴビンダラジャン教授はそんな伊藤に近づき、話しかけた……。

「伊藤さんの会社はグローバル企業として、数多くの国々でビジネスを展開しているようですが、どんな問題を抱えているのですか?」

「はい、実はわが社では、日本で開発した製品を海外に輸出して、グローバル化を推し進めているのですが、価格がどうしても割高になり、中国や韓国などの企業に太刀打ちできずに市場を切り開けないのです」

「そうですか。たしかにグローバリゼーションで市場を切り開けることもあるでしょうが、先進国では通用しても、新興国や発展途上国では新たな考え方に基づくビジネスを展開しなければ市場を切り開くことはなかなかむずかしいでしょうね」

「これまでのやり方では通用しないということを痛感していますので、新たな新興国の攻略法のヒントを得られれば……」

「そうでしたか。私の体系化した『リバース・イノベーション』が新興国攻略の切り口になるはずです。まずはパナソニックの事例から見ていきましょう」

リバース・イノベーション

Case　パナソニックの事例
発展途上国の無電化地域でソーラーランタンの普及を目指す

　先進国では各家庭に電気が通っていることは当たり前ですが、発展途上国ではまだまだ電気が行き届かない地域がたくさんあります。統計によれば、世界には実に13億人もの人々が電気のない生活を強いられているのです。

　このような地域では夜、日が沈むとロウソクやケロシンランプ（灯油ランプ）に明かりを灯し、生活をしています。とくにケロシンランプはお金があまりかからないという利点がある反面、煙は有害で人体に悪影響を及ぼします。また、ケロシンランプの明かりでは十分な光量が得られず、できることは限られてきます。

　こうした日々の制約条件が、人々が貧困から脱することのできない大きな要因にもなっているのです。

発展途上国で起こったイノベーション

　パナソニックは、このような電気の通っていない地域の問題を解消するために、省電力のLEDを使った太陽畜電池式のランタン（ソーラーランタン）の開発に着手しました。発展途上国では、すでに中国製などの太陽畜電池式のランタンは販売されていますが、価格は1000円以下と安いものの4～5か月で故障してしまうようなクオリティの低いものばかりで、利用者にとっては満足のいくものではなかったのです。

　そこで、パナソニックは日本製品の機能を削った廉価版を販売するという手法ではなく、社員が実際に現地での生活に密着し、ニーズを的確

に把握したうえで現地の人々に望まれる製品をゼロからつくり上げていきます。

　たとえば、ミャンマーの電気が通っていない村では、日中から家は薄暗く、夜になるとロウソクの灯りで人々は生活していました。学校に通う子どものいる家庭では、夜暗くなるとロウソクの灯りだけで勉強するなど不便な生活を強いられています。

　一方で、このような電気の通っていない村でも携帯電話は普及しており、通信手段として活用されていますが、いかんせん電気がないために、充電するためには車で30分もかかる町まで行って、1回当たり50円というお金を支払わなければならないという問題も抱えていました。

　パナソニックは、このミャンマーの電気の通っていない村で生活する人々の問題を解消するために、製品設計をゼロから考え直し、省電力で

明るく照らすソーラーランタンに USB 端子経由で携帯電話を充電する機能を付加した製品を開発したのです。

価格は日本円で 5000 円程度と中国製の 5 倍もしますが、耐用年数は 10 年程度であり、4〜5 か月で使い物にならなくなる中国製などに比べれば、圧倒的なコストパフォーマンスを誇る製品です。現地の販売店の評判も上々で今後、低所得者層への普及も見込まれます。

このパナソニックが開発したソーラーランタンは、発展途上国の無電化地域での普及だけでなく、東日本大震災の際には被災地で活用されるなど、発展途上国で起こったイノベーションが先進国に持ち込まれるという流れを生み出したのです。

「なるほど。新興国や発展途上国では、先進国で開発されたものを輸出するのではなく、現地の生活に合わせてゼロから製品やサービスを生み出すことが成功のカギを握るということですね」

「そうです。多くの企業はグローバリゼーションで新興国市場を攻略しようとしていますが、パナソニックが無電化地域で取り組んだ方法は明らかに違うものです。これを私は『リバース・イノベーション』と呼んでいるのですが、まずはそのリバース・イノベーションが何かということから、説明していきましょう」

ゴビンダラジャン教授に学ぶ

Section1　リバース・イノベーションとは？

新興国で起こしたイノベーションを先進国へ還流させる

「リバース・イノベーション」とは、新興国で起こしたイノベーションを先進国に"逆輸入"して大きな成功を収める手法です。

通常、イノベーションは、まずアメリカや日本といった先進国で起こり、ある程度時間が経ってから量産によるコスト削減が可能になった段階で、新興国に機能を削った廉価版を輸出してビジネスを展開するという流れが一般的です。

しかし、実際には新興国に先進国で生み出された製品を持ち込んでも成功はむずかしい状況です。その主な理由としては、先進国と新興国では経済環境や消費者のニーズがまったく異なることが挙げられます。

ビッグビジネスに"化ける"可能性を秘める

企業はリバース・イノベーションに取り組み、ゼロから新興国でイノベーションを起こし、新興国市場を切り開くことによって、新興国ばかりでなく、グローバルレベルで大きなビジネスチャンスを見出すことができるようになります。

それでは、なぜ新興国でイノベーションを起こすことが重要なのでしょうか？

新興国のマーケットは、今後のビジネスの成長を目指すうえで、ますます重要性が高まってくると考えられています。人口の規模からいえば、2014年時点で中国は13億人を超え世界第1位、続いて12億人を超えるインドが世界第2位の位置を占めます。これは、経済大国のアメ

リカの人口3億人と比べれば、それぞれ4倍以上の規模となります。また、国際連合の発表によれば、アフリカ大陸全体の人口は2013年には10億人を突破しており、世界の中でも著しい人口増加が続いている地域でもあります。

現状、新興国においては平均所得が低いために、経済規模は先進国に及ばないものの、いずれは大きく経済発展を遂げ、国民の経済力がついてくれば、人口の規模が大きいだけに非常に大きなビジネスに"化ける"可能性も高いことは誰の目にも明らかです。

そこで、将来的なビジネスを考えるうえで、新興国でイノベーションを起こし、新たなマーケットで確固たる地位を築いておくことは、新興国における将来的なブランドのポジションを確保するために重要な意味があります。新興国で起こしたイノベーションによって生み出された低価格でコストパフォーマンスの高い製品を先進国に持ち込めば、破壊的なパワーを発揮して、業界地図を塗り替えることも決して不可能な話ではないのです。

リバース・イノベーションとは？

一般的なイノベーション

リバース・イノベーション

一般的なイノベーションとは逆の流れのため
「リバース・イノベーション」と呼ばれる

なぜ、リバース・イノベーションが重要なのか？

現状、新興国や発展途上国は、経済規模が小さく、各消費者の購買額は少ないが、圧倒的に人口が多い。将来を見据えて新興国での足がかりを築いておくことが将来の成長のカギを握る

「なるほど、リバース・イノベーションは従来のイノベーションとは逆で、まずは新興国でイノベーションを起こしてから、先進国に還流させる活動なんですね」

「そう。多くの企業が従来のイノベーションとそれを新興国に輸出するグローカリゼーションにこだわる中、リバース・イノベーションにいち早く取り組めば、大きなチャンスをつかむことも可能になるといえるでしょう」

「わが社では、新興国でイノベーションを起こそうなどという考えはまったくありませんでしたが、今後の新興国のマーケットの成長を踏まえれば、リバース・イノベーションはビジネスに非常に大きなインパクトを与えそうですね」

「ええ。新興国ばかりではなく、リバース・イノベーションで生まれた製品は価格競争力に優れているので、もし先進国に逆流させることができれば、これまで獲得できなかった先進国での顧客層を引きつけ、市場規模を大きく拡大させることもできるようになるのです」

「そうすると、リバース・イノベーションはますますグローバル企業にとっては非常に重要な戦略ともいえるんですね」

「そのとおり。ただ、まだまだ多くの企業が新興国市場の攻略に失敗しているのが現状といえるでしょう。続いて、その失敗の理由を見ていきましょう」

Section2 なぜ、新興国市場の攻略に失敗するのか？

自国での成功体験は通用しないと考えよ

多くの先進国の企業は、新興国市場の重要性を認め、今後成長が期待できるマーケットとして足がかりをつかむために進出を目論みますが、失敗するケースが後を絶ちません。

たとえば、さまざまな国に進出する**パナソニック**ですが、中国に進出した際に手痛い失敗を経験しています。パナソニックは、中国進出にあたって「中国人は最新の冷蔵庫を来客に見えるように居間に置く習慣がある」という調査結果をもとに、自社の国際基準に基づいた60cmの幅の冷蔵庫を投入します。ところが、この製品は思うように売れずに、売上は低迷することになるのです。

2つの大きな失敗する理由

それでは、なぜ先進国の企業は新興国でのビジネスに失敗してしまうのでしょうか？

まず、1つ目の理由としては、**「自国で開発した製品の廉価版を持ち込めばいいと短絡的に考えている」**ところにあります。マーケットが変われば、消費者のニーズも変わります。そのニーズを捉える製品でなければ、どんなものでも売れるわけがないのです。

また、2つ目の理由としては、**「ブランドへの過信」**が挙げられます。グローバルレベルでビジネスに成功している企業の中には、「自社製品は品質が高いのだから、価格が少々高くても売れるだろう」と最初から思い込んで、強気な価格設定で新興国でのビジネスを展開する場合があ

新興国市場の攻略に失敗する理由

1 > 自国で開発した製品の廉価版を
持ち込めばいいと短絡的に考えている

2 > 自社のブランドを過信しすぎている

ります。まだまだ、経済発展の過程にある新興国では、ブランドの価値よりもいかに自身の生活の質を向上させるかというコストパフォーマンスを重視する消費者も多く、ブランド自体があまり意味をなさないケースも多く見受けられるのです。

パナソニックは、このような新興国における失敗の理由に気づき、中国での市場調査を一からやり直します。そうすると、「中国の一般的な家のつくりでは、間口が狭く60cm幅の冷蔵庫は入らない」という事実が明らかになりました。どんなに素晴らしい冷蔵庫で消費者が欲しいと思っても、自宅に入らなければ売れることはないでしょう。

そこでパナソニックは、冷蔵庫の規格を中国の一般的な家に運び込めるように幅を55cmに変更して再発売しました。この製品戦略が当たり、売上は10倍を記録する大ヒットとなったのです。

「先進国の企業は自国と同じような感覚で、新興国や発展途上国でビジネスを展開しようとするから失敗するんですね。やはり、現地の消費者のニーズに基づいたビジネスをゼロから展開しなければならないということか……」

「そうですね。グローバル企業はえてして自国で大きな成功を収めているために、自社の実力を過大に評価しすぎる傾向があるんです。これまでとは環境がまったく異なる新たな市場で成功を収めようと思うなら、これまでの成功をリセットしてゼロからビジネスを考えていく必要があるというわけです」

「そう言われると、わが社にも心当たりがあります。これまでに築いたブランドを過信して、日本と同じように"カンバン"で勝負しようという思いが強いような気がします」

「それではなかなか新興国で成功するのは、むずかしいといわざるをえませんね」

「やはり、そうなんですね。とすると、いったいわが社はどうすればいいのでしょうか?」

「わかりました。その答えは、次のリバース・イノベーションの起こし方で説明しましょう」

ゴビンダラジャン教授に学ぶ

Section3 新興国でのイノベーションの起こし方
ゼロからニーズのギャップに応えるビジネスのアイデアを検討する

　新興国でイノベーションを起こし、ビジネスで成功を収めることは困難を極めますが、いったいどうすれば新興国でイノベーションを起こすことができるのでしょうか？
　リバース・イノベーションを成功に導くには、次のようなポイントが挙げられます。

〈ポイント1〉
成功に導く土台を築く

　リバース・イノベーションを成功に導くうえで重要なことは、これまでの成功体験を捨て去り、ゼロベースでビジネスを組み立てていくところにあります。
　先進国と新興国や発展途上国においてビジネスを取り巻く環境はまったく変わってくるのですから、先進国で成功した戦略をそっくりそのまま移植しても成功するとは限りませんし、時には大量の在庫を抱えるなど、自社を危険にさらすことさえあるのです。
　まったく未知のマーケットで成功を収めるためには、これまで自分の頭のキャンバスに描かれたすべてのものを消し去って、現地の環境や人々のニーズを色眼鏡で見ることなく、客観的に分析し、現地に応じたビジネスを一つひとつ組み立てていくことです。そのことが成功につながっていくのです。

〈ポイント２〉
５つのニーズのギャップからスタートする

　リバース・イノベーションは、まず先進国と新興国や発展途上国とのマーケット間に存在するニーズのギャップを細かく分析することからスタートします。これには「**性能**」「**インフラ**」「**持続可能性**」「**規制**」「**好み**」の５つのギャップがあります。ここで、それぞれのニーズのギャップを掘り下げていきましょう。

①**性能のギャップ**
　私たち先進国に住む人間は、非常に高性能な製品に囲まれて生活しています。家に帰れば、大画面のテレビで高画質の番組を楽しめますし、誰かと話したければスマートフォンで相手の名前にタッチすれば、即座につながります。また、情報を入手しようと思えば、パソコンの電源を入れてインターネットにつなげば、たいていの情報なら瞬時に手に入れることができるでしょう。
　一方で発展途上国では、先進国のような生活は望むべくもありません。先進国並みの生活水準を実現するだけの十分な収入がないからです。ただ、そうはいっても発展途上国の人々はイノベーションで実現される夢のような生活を望んでいないというわけではありません。やはり、より便利で豊かな生活を送りたいというニーズは確実に存在しているのです。
　このような発展途上国のニーズに対して、先進国の企業は自社製品の廉価版を市場に投入すれば、ニーズに応えられるだろうと考えているかもしれません。先進国で発売している製品から不要な機能を削ぎ落とし、コストダウンしたうえで、70％の性能の製品を70％程度の価格で販売すればいいだろうと……。
　ただ、このような中途半端な考え方では、発展途上国の消費者のニーズを捉えて、製品を爆発的にヒットさせることなどむずかしいといわざるを得ないでしょう。発展途上国の消費者を熱狂させるには、たとえば

先進国の15%程度の価格で50%程度の性能を持つ製品を投入するくらいの覚悟が必要になるのです。

このような極端なビジネスを展開するためには、既存製品の改良というレベルではむずかしく、発展途上国向けにゼロからビジネスを組み立てていくイノベーションを起こす必要があるといえるでしょう。

②インフラのギャップ

先進国においてインフラは十分に整備されています。電気やガス、水道、通信網、道路といったライフラインに不自由することはよほどの天災に見舞われない限りはあまり考えられないでしょう。

ところが、発展途上国においては、電気やガス、水道などが整備されておらず、固定電話の通信網もなく、舗装された道路もないという地域も数多く存在します。夜になれば、ロウソクの灯りを頼りに薪を燃やして食事をつくり、水は井戸から汲み上げてくるという生活を強いられている人もたくさんいるのです。

このようなインフラのギャップは往々にしてイノベーションの種子と大きなビジネスチャンスを含んでいます。この発展途上国に住む人々のインフラ面での不便を解消することができるなら、非常に広大なマーケットが横たわっているからです。先進国において、インフラに対する需要は既存の設備の建て替えが主流となりますが、途上国ではまさにこれからインフラの整備が求められているのです。

③持続可能性のギャップ

いまや世界レベルで環境問題に対して真摯な取り組みが続けられています。とくに先進国の間では、地球温暖化を引き起こす二酸化炭素などの温室効果ガスの総排出量を削減しようと、国際的な会議で削減目標が設定されるなど、その意識は高いレベルにあります。

一方で、新興国や発展途上国ではまだまだ環境に対する意識が低く、人体に影響を与えるほど環境問題が深刻化している地域もあります。た

リバース・イノベーションを起こすポイント

1 > これまでの成功体験を捨て去り、ゼロベースでビジネスを組み立てていく
→ リバース・イノベーションを成功に導く土台となる

2 > 5つのニーズのギャップからビジネスのアイデアを考える
1. 性能のギャップ
2. インフラのギャップ
3. 持続可能性のギャップ
4. 規制のギャップ
5. 好みのギャップ

とえば、中国では経済成長に伴う大気汚染が深刻で、北京などの都市部では昼間でも視界が悪くなる煙霧に覆われる日も多く、有害物質の「PM2.5」の濃度が健康に被害を及ぼす水準まで達しています。

このような新興国の深刻な環境問題を解決するために、クリーン技術のニーズが飛躍的に高まっているのです。

④規制のギャップ

先進国においては、その歴史から高度にさまざまな規制が整備されています。これまでの経済活動や社会活動を通して不明瞭なことがあれば、規制を設けて活動のルールを設定してきた結果といえるでしょう。

このような規制は、個人が日々の生活を送ったり、企業が事業活動を行なったりするうえで明確な指針となり、安心して行動を起こせるよりどころにもなっています。

一方で、新興国や発展途上国では、経済基盤や社会基盤が未成熟であり、規制もまだまだ未整備の分野が数多く存在します。ただ、規制が高

度に整備されれば、新たなことを試みる際に、規制の網に引っかかって許可が下りないということも多々あります。規制があるがゆえに、企業の事業活動にも多くの制約条件が課されることになるのです。

その点、規制が整備されていなければ、企業の事業活動の自由度が高まり、イノベーションにとっては好都合な環境といえます。つまり、規制の面からは新興国や発展途上国のほうがイノベーションを起こしやすいともいえるのです。

⑤好みのギャップ

人間の好みは千差万別です。とくに国が違えば味覚などの好みは大きく変わってきます。

たとえば、日本ではタコやイカなどは多くの人に好まれて食べられますが、ヨーロッパなどではタコは「Devil Fish」(悪魔の魚)と忌み嫌われ、あまり食されることがありません。

先進国の間でもこのような大きな違いがあるのですから、先進国と新興国の間ではより大きなギャップが存在することは想像に難くありません。この好みの違いに着目すれば、イノベーションを起こすことができるようになるのです。

「リバース・イノベーションを起こすには、これまでの知識や経験をいったんリセットしてゼロから5つのニーズのギャップをもとにイノベーションのアイデアを検討していく必要があるんですね」

「そうです。こうした基本を踏まえて新興国でイノベーションに取り組めば、成功へとつながってくるはずです。計画どおりにリバース・イノベーションが成功したら、本国へ還流させるプロセスに移ることになります。この逆流は2つのルートで起こりますが、続いてはそのルートをお伝えしましょう」

Section4 新興国でのイノベーションが還流する経路

「今日の取り残された市場」と「明日の主流市場」の2つのルートがある

　新興国でゼロからイノベーションが成功すれば、次なる展開が待っています。同じような新興国に移転することもあれば、流れに逆らって先進国に移転することもあるのです。

　新興国で起こったイノベーションが先進国に逆流するとき、2つのルートが考えられます。一つは、先進国における**「今日の取り残された市場」**であり、もう一つは、**「明日の主流市場」**です。

〈ルート1〉
今日の取り残された市場

　先進国において、グローバル企業は決してすべての顧客を対象にビジネスを展開しているわけではありません。高価な自社製品を購入することができる限られた顧客をメインターゲットとしているのです。

　つまり、先進国においても、グローバル企業が対象として捉えていない「今日の取り残された市場」が存在します。この取り残された市場においては、力を入れるほど十分な収益が上げられる規模に達していないのです。

　ただ、新興国でゼロからイノベーションを起こした後では、話がまったく変わってきます。コスト構造がドラスティックに変わり、驚異的な低コストで製品を生産できるようになれば、これまで収益を上げることができなかった取り残された市場でも十分収益を上げることができるようになります。

　加えて、先進国の貧困層といえども、発展途上国の貧困層と比べれば

比較にならないくらいの購買力を持っています。

　このような今日の取り残された市場に、新興国や発展途上国でゼロから起こしたイノベーションを逆流させることにより、ライバル企業を出し抜いてマーケットで圧倒的なシェアを占めていくことができるようになるのです。

〈ルート2〉
明日の主流市場

　リバース・イノベーションは、これまでグローバル企業がビジネスの対象としてこなかった取り残された市場以外にも逆流していく可能性があります。それが「明日の主流市場」です。

　必ずしもすべての市場で逆流が起こるわけではありませんが、発展途上国と先進国の消費者間でニーズのギャップが狭まってくれば、発展途上国のマーケットから先進国の明日の主流市場へと一気に逆流が起こる可能性が高まってきます。

　いったんリバース・イノベーションが起これば、先進国で従来どおりにビジネスを展開している企業にとっては大いなる脅威となります。いくら先進国マーケットで確固たる地位を確立していたとしても、逆流してきた新たなイノベーションによって、マーケットの地図は書き換えられ、既存企業にとっては最悪の場合、生き残ることさえむずかしくなってくるのです。

　たとえば、ノートパソコンの機能を削ぎ落とし、インターネットとメールがストレスなく利用できる水準の機能に絞り込み低価格化を実現した「ネットブック」は、もともとは途上国向けに開発された「100ドルPC」構想がその起源です。

　それまでのノートパソコン市場では、技術競争が繰り広げられ、デスクトップ並みの機能を外出先で利用できるような高度な機種が主流であり、15万円から30万円程度の価格が一般的でした。

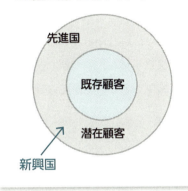

ところが、先進国のユーザーにおいても、外出先でネットやメールをチェックするノートパソコンにそこまでの機能は求めておらず、「機能はシンプルでもいいから、より安価で持ち運びしやすい小型軽量のノートパソコン」を求めるニーズが高まっていたのです。

台湾のパソコンメーカーである **ASUS**（エイスース）は、ノートパソコンにおいて、途上国と先進国の消費者間のニーズのギャップが狭まったと判断し、2007年にノートパソコンの機能を削ぎ落とした安価で小型軽量な"ネットブックパソコン"の『Eee PC』を先進国の市場に投入します。

このネットブックパソコンは、機能面では従来のノートパソコンに及ばないものの、低価格と携帯性が支持され、またたく間に先進国マーケットで広がりを見せます。日本においても2009年にはネットブックがノートパソコン市場を3割以上占めるなど、業界地図を大きく塗り替えました。

このネットブックのリバース・イノベーションを牽引したのはASUSやAcer（エイサー）といった新興国企業であり、ヒューレットパッカードやDell、東芝などのグローバル企業は大きく出遅れることになったのです。

　このネットブックのケースのように、発展途上国と先進国のニーズのギャップが狭まってきた際には、いかにこれまで先進国のマーケットで実績を築き上げてきたグローバル企業であっても、リバース・イノベーションが突然起こらないかを慎重に観察しなければなりません。そうでなければ、またたく間に新興国から新たなライバル企業が現われて、マーケットを蹂躙されることにつながる可能性も高く、注意が必要なのです。

「新興国からイノベーションが逆流するルートは、これまで価格の関係で自社に取り込めていなかった顧客を獲得する流れと、現状ライバル企業に支配されている主流市場で顧客を奪い去る流れの２つがあるんですね」

「そのとおり。どちらのルートで還流するにせよ、大きな市場を獲得することにつながり、ビジネスに大きなインパクトを与えることができるのです。続いて、リバース・イノベーションを起こす際に重要となる組織戦略について解説しましょう」

Section5 グローバル組織レベルでやるべきこと

新興国でのビジネスの重要性をリーダー自身が現地で確かめる

　リバース・イノベーションを成功に導くために、グローバル組織レベルでは３つのポイントが重要なカギを握ります。リーダーはこの３つのポイントをクリアしていかなければなりません。

〈ポイント１〉
組織の重心を新興国市場へと移す

　リバース・イノベーションは輸出などのグローカリゼーションと違い、新興国に根を下ろして初めて成功に導くことが可能になります。つまり、組織の重要な機能を新興国へと移していく必要があるのです。
　それは、人材であり、資金であり、権限です。先進国からの命令に従うのではなく、独自の判断で活動できる組織を新興国に築いていくのです。
　この組織の重心を新興国に移すためには、次のようなプロセスで実現できるでしょう。

①強力な権限を持つ意思決定者を新興国に配置する
　新興国に独立して活動できるだけの力を持った意思決定者を配置します。企業によっては最高グローバリゼーション責任者（CGO）というポジションを創設して任命しているケースもあります。

②独立した損益計算書で管理する
　本社に新興国の組織を監督する部署を新設し、経営幹部をそのトップ

に据えます。そして、国ごとに個別の損益計算書を作成し、業績を測定していきます。従来、グローバル企業では、製品ごとの管理が一般的ですが、国ごとに管理する抜本的な組織改革が必要となります。

③新興国の組織の研究開発費を増やす

新興国の組織は独立して活動するために、相応の研究開発費を割り当てる必要があります。新興国のビジネス環境は先進国のそれとはまったく違うために、ゼロから研究開発を行ない、現地のニーズに対応したオリジナルの製品を投入することが成功のカギを握るのです。

④低コストの実験を促す

新興国のマーケットでは、これまでの経験を白紙にしてビジネスに臨むために数々の"実験"が必要になってくるでしょう。つまり、確実に成功するという法則は存在せず、仮説に基づいた実験で自ら新興国での成功の法則を打ち立てていかなければならないのです。

その意味で大々的な実験は、もし失敗すれば自社をリスクにさらしかねないために、コストをあまりかけない実験を奨励し、リスクを軽減して成功への道を探っていきます。

⑤将来的なビジネスの重要性を認識してもらう

いったんリバース・イノベーションを起こすことができれば、自社の事業に与えるインパクトは計り知れないものになります。それは新興国一国にとどまらずに、他の新興国や先進国のマーケットにまで大きな波及効果を期待できます。

新興国の組織には、このような自分が取り組むビジネスの重要性を認識してもらいます。そして、モチベーションを高めて仕事に取り組んでもらうことが、リバース・イノベーションを成功に導くうえで重要な役割を果たします。自分たちの仕事がグローバルレベルでの成長やイノベーションの起点となりうるという誇りを持ってもらうのです。そのため

リバース・イノベーションの組織戦略

1 組織の重心を新興国市場へと移す

① 強力な権限を持つ意思決定者を新興国に配置する

↓

② 独立した損益計算書で管理する

↓

③ 新興国の組織の研究開発費を増やす

↓

④ 低コストの実験を促す

↓

⑤ 将来的なビジネスの重要性を認識してもらう

には、新興国の組織がどの程度の成功を収めているのかという成長性の指標を示し、成果を「見える化」することも、大きな効果を発揮するでしょう。

〈ポイント2〉
新興国市場に関する知見や専門性を高める

新興国市場は先進国のマーケットとは大きな違いがあるために、これ

まで経験したことや学んだことを空っぽにして、偏見を捨ててゼロから新興国市場に関する知見や専門性を高めていく必要があります。

そうすることによって、新興国での真のニーズに気づき、リバース・イノベーションを起こすことができるようになるのです。ここでは、次のような点に注意するといいでしょう。

①取締役会に新興国市場で経験を積んだリーダーを加える

新興国には独自の経済および社会環境があり、実際に生活した人でなければ理解しがたいこともたくさんあります。そこで、新興国市場の攻略を重点課題とするなら、企業の意思決定機関である取締役会に新興国市場で豊富な経験を積んだ人物を加える必要があるでしょう。

これにより、新興国市場の攻略の戦略を立てる際に適切な助言が期待でき、戦略ミスによる失敗を防ぐことができるようになります。

②社員に十分な新興国での経験を積ませる

その土地の風土や習慣、人々の考えなどは、その地で腰を落ち着けて生活してみなければなかなか理解することができないでしょう。そこで、リバース・イノベーションに携わる社員には、長期にわたって現地への赴任を命じ、経験を積ませていく必要があります。

この体験により、新興国独自の経済問題や社会問題に対する理解が深まり、ビジネスチャンスを見出すことも可能になります。また、長い間同じ国に赴任することにより、社会的なネットワークを構築し、ビジネスを大きく展開することもできるようになるのです。

③先進国の経営幹部に新興国での短期研修を施す

「百聞は一見にしかず」という言葉があるように、実際に自分で経験することは視野を広げるという意味では重要です。そこで、新興国市場の攻略の重要性を考えれば、経営の中枢に位置する幹部には、自身で新興国市場を体感してもらうことは非常に効果的といえます。

リバース・イノベーションの組織戦略

2 新興国市場に関する知見や専門性を高める

① 取締役会に新興国市場で
　経験を積んだリーダーを加える
　↓
② 社員に十分な新興国での
　経験を積ませる
　↓

③ 先進国の経営幹部に
　新興国での短期研修を施す
　↓
④ 先進国と新興国の経営幹部の
　つながりを強化する
　↓

⑤ 新興国で取締役会や経営幹部の
　会議を開催する

　ただ、すべての経営幹部を長期間にわたって新興国に配属するということはむずかしいために、新興国で短期の集中研修を実施するといいでしょう。短期間でも自分で体験するのとしないのとでは、新興国市場の攻略の意思決定の際に大きな違いとなって現われてくることでしょう。

④先進国と新興国の経営幹部のつながりを強化する

　新興国市場の攻略は新興国の組織単独で成し得るものではありません。やはり、本社の全面的なバックアップがあって初めて、リバース・イノ

ベーションという困難な目標を達成することができるようになるのです。
　その意味で、本社の幹部と新興国の組織の幹部のつながりを強化していくことが望まれます。機会があるごとにリアルな交流を図ることはもちろんですが、いまや世界レベルでIT技術の発達が目覚ましいので、インターネット回線を使ったビデオ会議などを実施すれば、効率的かつ効果的につながりを強化することができるでしょう。

⑤新興国で取締役会や経営幹部の会議を開催する
　多くの新興国でビジネスを展開しているようなグローバル企業であれば、持ち回りで取締役会や経営幹部の会議を開催していくといいでしょう。そのような会合は定期的に開催しなければならないものであり、本社で毎回開催することが通例となっているかもしれません。
　しかし、それを各新興国で開催することにより、会議という目的と経営幹部が実際に新興国市場を肌で感じるという目的を同時に達成することが可能となります。そして、効率的にリバース・イノベーションを生み出す土壌を創り出すことができるようになるのです。

〈ポイント3〉
リーダーのはっきりとした態度で雰囲気を変える

　もしかすると組織の中で、新興国市場を軽視し、新興国の組織を傍流と考える社員もいるかもしれません。そのような場合、全社が一丸となってリバース・イノベーションを起こすことはむずかしくなるでしょう。
　やはり、大きなビジネスチャンスにつながるリバース・イノベーションを何としても成功に導くためには、リーダーは事あるごとに新興国市場を攻略する重要性を全社員に説き、社内の雰囲気を新興国市場を重視する流れに持っていく必要があります。
　全社員が新興国での成功へ一致団結して取り組むなら、リバース・イノベーションの成功の確率は飛躍的に高まってくるのです。

「リバース・イノベーションを成功に導く組織づくりは、現地の組織を一つの会社のように見立てて、独立した強力な権限を与える必要があるんですね。そして、本社の役員も新興国のビジネスを深く理解するために、事あるごとに新興国を訪れ、ビジネス環境を肌で感じることにより、その重要性が理解できるということでしょうか」

「そうです。新興国のビジネスは、ともすれば本国のビジネスに比べて重要性が劣るという誤解も生じやすいので、経営陣が新興国でのビジネスの重要性を実際に自分の目で確かめることがリバース・イノベーションの組織戦略では重要なカギを握ります。最後に、リバース・イノベーションにおけるプロジェクトレベルの問題点と成功に導くポイントを整理して、講義を終えることにしましょう」

Section6 プロジェクトチームレベルの問題点と対応策

常識に囚われない活動がリバース・イノベーションの成否を分ける

　ここまで、戦略レベルそしてグローバル組織レベルでのリバース・イノベーションを成功に導くポイントをお伝えしてきました。ただ、最終的にリバース・イノベーションを成し遂げるためには、この２つのレベルをクリアするだけでは十分とはいえません。最終的にプロジェクトレベルでの行動をチェックしていく必要があるのです。

　特定のリバース・イノベーションでは、最も小さな組織単位としてプロジェクト・チームが行動面での劇的な変化を起こしていかなければなりません。これまでの常識に囚われない活動が、最終的なリバース・イノベーションの成功のカギを握るのです。

　このプロジェクトレベルでは、次の５つのポイントをクリアしていく必要があるでしょう。

〈ポイント１〉
自社にはびこる既成概念を打ち破る

　リバース・イノベーションの必要性が経営トップではなく、新興国の組織から巻き起こった場合は、本社の理解を得て、リバース・イノベーションを推進することは困難を極めるでしょう。

　なぜなら、従来からの考え方にもとづけば、本国で販売している製品を新興国向けにカスタマイズして輸出するグローカリゼーションが、最も効率的で新興国でのビジネスに成功する確率の高い方法だと信じられているからです。

　もし、売上に占める新興国の割合が極端に低い場合はなおさらでしょ

う。実は、リバース・イノベーションにとって最大の障害となるのは技術的なものでも資金的なものでもありません。経営者や組織の抵抗なのです。

ただ、これまでお伝えしてきたように、グローカリゼーションだけでは新興国市場で圧倒的な結果を残すために不十分であり、どうにかして経営幹部の理解を得てリバース・イノベーションを推進していく必要があります。

そのためには、新興国の組織のトップの粘り強い、論理的な説得が重要なカギを握ります。

「なぜ、リバース・イノベーションが重要なのか？」「リバース・イノベーションは自社にどのような利益をもたらすのか？」など、自社にとってのリバース・イノベーションの必要性を経営幹部に事あるごとに訴え、1人また1人と、本社内での支持を増やしていく必要があるでしょう。

〈ポイント2〉
組織の障壁を取り払い、協力してリバース・イノベーションに取り組む

組織の障壁を取り払う最良の方法は、リバース・イノベーションに取り組む専門の組織単位をつくることでしょう。このような特別の組織単位は「**ローカル・グロース・チーム**」（**LGT**）と呼ばれています。

LGTは新興国でつくられる小さな機能横断型の起業家的な組織単位であり、一組織の中で資金調達から製品開発、販売など事業を行なうに必要なすべての機能を有し、独立した権限が与えられています。

LGTをつくる際には、次ページに挙げる3つの原則を守らなければなりません。

この独自の権限を与えられた小さな組織であるLGTが、リバース・イノベーションを起こすために重要な役割を担うようになるのです。

LGT（ローカル・グロース・チーム）の３つの原則

1 > LGTは新しい企業をゼロからつくるように
白紙の状態から組織設計を行なわなければならない

2 > LGTはグローバル組織と密な関係を保ち、
その資源を活用できるようにしなければならない

3 > LGTは統制のとれたやり方で実験を行ない、
学習を積み重ねなければならない

　ただ、このLGTは本社で新興国攻略のグローカリゼーションを推進する組織と対立する可能性も秘めています。LGTは独立した企業のように決定権が与えられていますが、グローバル組織は本社の指揮の下に行動を余儀なくされているからです。

　このような対立の危機を現実のものとしないためにも、LGTはグローカリゼーションを否定し、新興国を攻略する唯一の部署ではないという意思表示をグローバル組織に対して行なわなければならないでしょう。

　グローカリゼーションとリバース・イノベーションを同時に推進しなければ、新興国市場の攻略はうまくいかないのです。グローカリゼーションで得た利益をリバース・イノベーションに投じて圧倒的なシェアを獲得していくという協力体制で新興国攻略を進めていくことが理想的なのです。

　LGTとグローバル組織が組織の障壁を取り払い、緊密に連携を取り合って協力することにより、リバース・イノベーションは成功に一歩近づいていくのです。

〈ポイント3〉
柔軟な発想でチームをつくる

　リバース・イノベーションにおいては、先進国の常識が通用しないため、白紙の状態からイノベーションを起こすことを検討していかなければなりません。その意味で、LGTのメンバー選びは重要なカギを握ります。

　とくに大切なのは、新興国の消費者の真のニーズを理解できるメンバーや、そのニーズに対するソリューションをゼロから考えることができるメンバーに参加してもらえるかどうかです。LGTのメンバーの選定は社内にとどまらず、社内外問わずにリバース・イノベーションを成功に導くために必要なスキルを持っているかどうかを基準に集めていかなければなりません。

　通常、組織に人材を配置する際には、内部の人間を配属するケースが多いですが、LGTの場合は外部から重要な人材を受け入れることにより、これまで自社が保有していなかったスキルを持つ人材を取り込むことにつながります。また、これまでの自社の経験や知識をリセットして白紙の状態でリバース・イノベーションに取り組むという意味では、外部の人材のほうが適任といっても過言ではないでしょう。

　このようにLGTをつくる際には、既存の考えに囚われずに、柔軟な発想でチーム編成を行なっていく必要があるのです。

〈ポイント4〉
グローバルの経営資源を活用する

　LGTは完全に独立した組織としてリバース・イノベーションに取り組み、現地のライバル企業と争うことになりますが、現地のライバル企業にはない強みがあります。それが、本社のグローバル組織の支援を得られるということです。

本社の豊富な経営資源を活用することができれば、新興国マーケットにおいて圧倒的に優位なポジションで競争を進めていくことが可能になります。逆にLGTが孤立してビジネスを展開するなら、優位性を築けずに新興国市場で苦戦することにつながっていくのです。

ただし、LGTとグローバル組織は簡単に協力関係を築けるものではありません。これまで新興国市場の攻略で重要な役割を果たしてきたグローバル組織にとって、発足したばかりのLGTを支援することは手間

LGTを監督する経営陣に求められる5つの対応

1 2つの組織の調整役

LGTが専門家や重要な経営資源をグローバル組織から必要とする場合、経営幹部が率先して関係づくりの橋渡し役を引き受ける。

2 LGTの資源の保護

LGTは短期的に成果を出すことがむずかしい環境にあるため、経営幹部が理解を示し、予算や重要な社員の配置など、LGTの長期的な活動のサポートを行なう。

3 グローバル組織のサポート

LGTが発足するとグローバル組織にはLGTのサポートという業務が追加される。既存の経営資源で業務が増えるとグローバル組織の不満につながるため、予算や人員の補充などグローバル組織に経営資源を追加することを検討する。

4 業績評価の見直し

グローバル組織に対して「LGTの支援」という業績評価を加え、LGTに対する支援に対して正当な対価を支払うことを心がける。

5 良好な関係を築く内部人材の登用

LGTにはこれまでの慣習に捉われない外部の人材を採用することも重要だが、LGTとグローバル組織が良好な関係を築くために重要な役割を果たす内部の人材を登用する。

ばかりかかり、益のない話です。また、支援してLGTが新興国市場で存在感を増せば、今度は自分たちの存在自体が脅かされかねないからです。

そこで、LGTを監督する経営陣はこの2つの組織の協力関係を築き上げるために、前ページのような5つの対応を行なう必要があるでしょう。

〈ポイント5〉
統制のとれた実験を通して学習する

未知のマーケットでイノベーションを起こすことは、言ってみれば不確実性との戦いです。こうすれば確実に成功するという方法は存在しないのです。そこでコストをかけずに多くの実験を試み、知識や情報を積み重ねていくことが重要になってきます。

LGTでの学習効果を高めるために次の4つの活動が役に立つでしょう。

①**重要な実験から取り組む**
未知のマーケットでは、調査すべきことが山ほどあります。効果的な情報収集を目指すなら、実験に優先順位をつけて重要なものから取り組むといいでしょう。

②**独自の業績評価を設定する**
通常、企業では売上高や利益水準などを業績評価の基準としています。ただ、LGTには売上高や利益水準といった一般的な業績評価は馴染みません。LGTには早急に売上や利益を上げることを求められているのではなく、長期的な観点から新興国マーケットを切り開いていくことが求められているのです。

このような観点から、LGTは売上や利益が上がっているかという指標ではなく、戦略がうまくいっているかなど、独自の業績評価の指標を

設定すべきなのです。

③短期間で計画を修正する

　通常、企業は1年に一度程度の頻度で計画を修正しています。これは、自社を取り巻く環境がある程度予測できるために、精度の高い計画を策定できるという前提に立っています。一方、新興国においてはLGTを取り巻く環境は予測不能であり、実験を通してマーケットの情報を収集しているものの、当初立てた計画ではまったく成果につながらないという事態は十分に予測することができます。

　そこでLGTにおいては、実験を通して得た情報をもとにして、より頻繁に計画を修正していく必要があるのです。

④業績ではなく学習について説明責任を負わせる

　一般的に企業の組織のリーダーは、業績に対する説明責任を負いますが、LGTのリーダーは業績ではなく「実験を通して、どのような学びを得たか？」という報告を優先させるべきでしょう。まずは、未知の環境を理解したうえで、適切な戦略を立てることが最優先課題となるのです。そして、適切な戦略さえ立てることができるなら、業績は必ずやついてくるのです。

🧑「なるほど。最終的にはリバース・イノベーションの考え方をプロジェクトチームレベルにまで落とし込んでいかなければ、環境のまったく異なる新興国や発展途上国のマーケットでゼロからのイノベーションを成功に導くことはむずかしいということですね」

👨‍🦲「そのとおりです。リバース・イノベーションは戦略レベル、グローバル組織レベル、そしてプロジェクトチームレベルと、経営戦略の上位概念から現場レベルまで一貫した思考や行動を貫くことで初めて成功に導くことができるといっても過言ではないのです」

🧑「わかりました。わが社でも全社レベルでリバース・イノベーションの考え方を浸透させ、必ずや新興国での成功を収めたいと思います」

　伊藤は最後にそう言うと、講義の内容をノートにまとめ始めた。

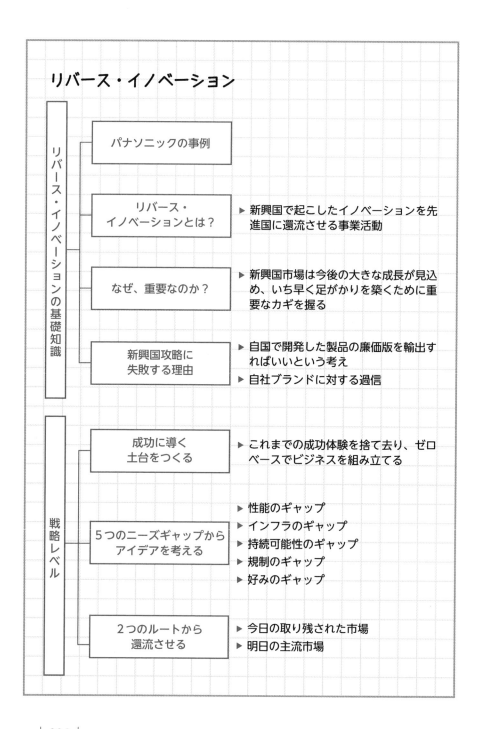

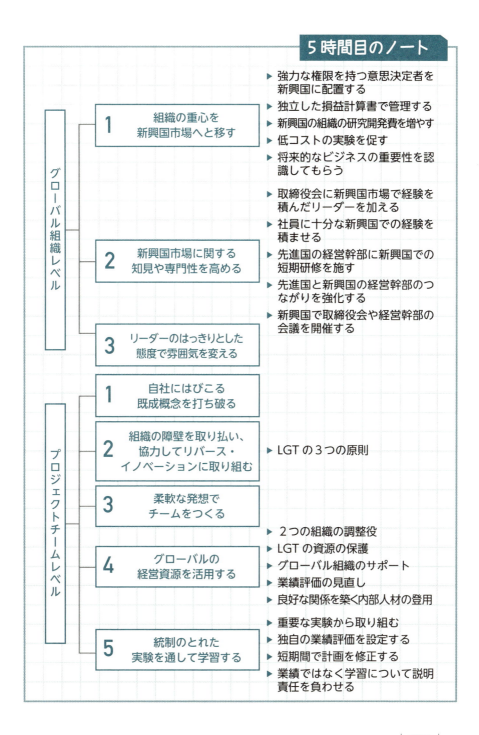

すべての講義を終えて……

　それぞれの講義を終えて、4人は再び会議室に集められた。4人の顔には講義を受ける前の不安そうな表情がすっかり消えていた。
　スクールの担当者はファイルをチェックしながら、参加者に問いかけた。

「どうですか？　本日の講義で、皆さんのビジネスの課題を解決する答えを探し出すことができたでしょうか？」

　一同は大きくうなずいた。

「あとは実行です。知識というのは知っているだけでは何ら価値を生み出すものではありません。ここで皆さんが学んだイノベーションの手法を自社に応じてアレンジし、必ずや成果につなげていただきたいと思います」

　そうスクールの担当者が最後の挨拶を述べると、4人はお互いに固い握手を交わした。
　そして、各自の成功を祈ってビジネススクールを後にした。彼らの背中

には、成功への自信にあふれたエネルギーがありありと感じられた……。

＊

それから3年後。

4人は東京のとある割烹で、久しぶりに会う約束をしていた。全員が揃うと、話題は講義後どう変わったかに集中した。

🧑「鈴木さん、どうですか？ あの日以降、会社では大きな変化が起こりましたか？」

🧑「いやいや、変化が起こりましたどころの話ではないですね。会社がまったく新たな組織に生まれ変わり、見事にイノベーションを起こすことができました」

👩「ほほー。よく短期間で会社を変えることができましたね」

🧑「ええ、うちの会社が忘れていたのは、ドラッカー教授がおっしゃった"起業家精神"だったんです。過去の遺産のうえにあぐらをかいて、チャレンジ精神を失っていたんですね。そこで経営陣を巻き込んで、事あるごとに危機感を全社員に植えつけて、新たなことに挑戦することを是とする企業文化に変革を行なっていったんです。そうすると、徐々に社員からイノベーションにつながるアイデアが出始めて、ここ最近開花したということなんですよ」

🧑「それは良かったですね」

🧑「そういう佐藤さんも大きな成功を収めていますね。最近の『東京経

済新聞』でついに日本のスマートフォンのマーケットでシェア1位に躍り出たという記事を読みましたよ」

「ありがとうございます。クリステンセン教授の破壊的イノベーションの理論に基づいて、戦略を一つひとつ実行に移していったら、成果につながったんです。本当にあの講義を受けていなかったら、途中で挫折するところでした」

「佐藤さん、日本のスマートフォン市場でNo.1になるなんてすごいなぁ。自分の会社は、小さなマーケットで1番になるのが関の山ですよ」

「何をおっしゃいます。山田さんの会社も低価格を武器に美容室業界の風雲児として急成長を遂げている注目の企業だと、『日本マーケティング新聞』に特集されていたじゃないですか」

「佐藤さん、よくご存じで。お蔭さまでバリュー・イノベーションに成功して、まったく競合企業を寄せつけないビジネスを展開できるようになったんです」

「皆さん、それぞれすごい成功を収めたんですね」

「そういえば、伊藤さんの会社もこの前、テレビ日本の『カンブリアの夜明け』で密着取材されていましたよね。新興国で起こしたイノベーションを日本に還流させて大きな成功を収めた企業として」

「ああ、あの番組観られました？ やはり、テレビに取り上げられた影響はものすごく大きくて、普段はあまりアクセスのないうちの会

社のホームページがパンクしたんですよ。ハハハ」

「こうしてみんなの話を聞くと、講義で学んだことをベースにそれぞれの環境で努力して大きな成果につなげているんですね。これがまぐれと言われないように、今後も初心を忘れずに、より高い目標の実現に向けて頑張っていきたいですね。それじゃあ、われわれの輝かしい未来に乾杯しますか！」

「カンパーイ!!」

　4人はかけ声とともに勢いよく注がれたビールを飲み干すと、その後も各自の成功談を酒の肴に、勝利の美酒に酔いしれた……。

おわりに

　史上最高の教授陣が繰り広げるイノベーションの講義はいかがだったでしょうか？

　どんなに素晴らしい製品を開発したとしても、そしてその製品がどんなに成功を収めたとしても、一つの製品が市場で永遠に売れ続けることはありません。
　必ずどんな製品にもライフサイクルがあり、市場で認知度を高めていかなければならない導入期があり、うまく認知度が高まれば急激に売上が上昇する成長期へと続き、市場が成熟して売上がピークを迎える成熟を経て、どんなことをしても売上が減少していく衰退期で寿命を終えることになります。
　このプロダクト・ライフサイクルにおいて、製品の"寿命"を伸ばしたければ、マーケティング戦略が大きな役割を果たします。一方で、衰退期に入った製品はマーケティング戦略だけでは何ともしがたい状況になるので、ここでイノベーションが必要になってくるのです。
　かのドラッカー教授も、「企業にとって重要なのはマーケティングとイノベーションである」といみじくも語っています。

　ただ、イノベーションとはこれまでどんな企業も取り組んできたことのないビジネスに挑戦することであり、成功すれば見返りも大きいですが、それゆえ失敗するリスクも非常に高いものになるのです。
　そこで重要になってくるのが、「自社にとってはどのようなイノベーションが必要なのか？」「どうすればそのイノベーションを起こすことができるのか？」ということになります。
　本書で紹介したようにイノベーションは一つではありません。実にさまざまなイノベーションがあるのです。そして、それぞれのイノベーシ

ョンの起こし方を体系的に身につければ、少なからずイノベーションに成功する確率は高まっていくことでしょう。

　この本では、それぞれのイノベーションのエッセンスのみをお伝えしましたが、興味がわけばぜひとも原著を読んで、より詳細なイノベーション手法をマスターしていただきたいと思います。

　それでは、最後にあなたの会社の成功を願って……。

2015年1月

　　　　　　　　　　　　　　　　　　　　　　　　　　安部　徹也

INDEX

数字・アルファベット
- 3つのE ー 163
- 4つのアクション ー 141
- BOI（ブルー・オーシャン・アイデア）インデックス ー 154
- SPA ー 39

あ
- アウトソース ー 152
- アクション・マトリクス ー 141
- 明日の主流市場 ー 186
- 意識のハードル ー 157
- イノベーション ー 17, 20
- インフラのギャップ ー 182

か
- 価格イノベーション ー 152
- 価格戦略 ー 71
- 価格という概念を捨てる ー 153
- 価値観ギャップ ー 44
- 価値曲線 ー 140
- 価値戦略 ー 73
- 関与（Engagement） ー 163
- 起業家的柔道 ー 59
- 起業家精神 ー 48
- 規制のギャップ ー 183
- 業績ギャップ ー 43
- 今日の取り残された市場 ー 185
- 金魚鉢のマネジメント ー 160
- 経営資源のハードル ー 158
- ゲリラ戦略 ー 56
- 公正なプロセス ー 163
- 効用戦略 ー 70
- 効用マップ ー 148
- 合理化 ー 152
- 顧客視点 ー 57
- 顧客戦略 ー 72
- 顧客創造戦略 ー 70
- 顧客の問題の解決 ー 97
- 好みのギャップ ー 184
- コモディティ化 ー 114

さ
- 再統合 ー 112
- 細分化 ー 160
- 士気のハードル ー 159
- 資源交換 ー 158
- 持続可能性のギャップ ー 182
- 持続的イノベーション ー 84
- 指導者 ー 30
- 重点領域 ー 158
- 新市場型破壊 ー 88, 100
- 垂直統合 ー 107
- 水平分業 ー 107
- スライスシェア ー 153
- 政治的なハードル ー 161
- 性能のギャップ ー 181
- 関所戦略 ー 63
- 説明（Explanation） ー 163
- 専門技術戦略 ー 64
- 専門市場戦略 ー 67
- 戦略キャンバス ー 139
- 創造的模倣 ー 56
- 総力戦略 ー 51

た
- タイムシェアリング ー 153
- 脱コモディティ化 ー 116

脱セグメンテーション ……………… 144
知識上のニーズ ……………………… 46
中心人物 ……………………………… 159
ティッピング・ポイント・リーダーシップ …… 157
洞察力 ………………………………… 28

な

ニッチ戦略 …………………………… 63
認識ギャップ ………………………… 44

は

ハイブリッド型破壊 ………………… 91
破壊的イノベーション ……………… 86
バリュー・イノベーション ………… 128
バリュー・チェーン ………………… 115
ビジュアル・ストラテジーの見本市 … 142
非重点領域 …………………………… 158
非連続 ………………………………… 20
プライス・コリドー・オブ・ザ・マス … 149
ブルー・オーシャン戦略 …………… 128
プロセスギャップ …………………… 44
プロセス上のニーズ ………………… 46
ポジショニングマップ ……………… 133

ま

明快な期待内容
　（clarity of Expectation）………… 164

ら

"利己的"な動機 ……………………… 34
リバース・イノベーション ………… 174
労働力のニーズ ……………………… 46
ローエンド型破壊 ……………… 89, 100
ローカル・グロース・チーム（LGT）… 197

社名・人名（50音順）

IBM（アイビーエム）…………… 109, 116
Apple（アップル）………………… 20, 136
Amazon（アマゾン）……………… 46, 117
伊藤園 ………………………………… 46
インテル ……………………………… 116
Acer（エイサー）…………………… 188
ASUS（エイスース）……………… 187
エーワン精密 ………………………… 73
NTT（エヌ・ティ・ティ）ドコモ … 131
カシオ計算機 ………………………… 18
キヤノン …………………………… 17, 59
キュービーネット …………………… 125
QB（キュービー）ハウス ………… 125
Google（グーグル）………………… 153
コダック ……………………………… 17
サムスン電子 ………………………… 81
シャオミ ……………………………… 81
スターバックス ……………………… 135
スティーブ・ジョブズ …………… 21, 32
ソニー ………………………………… 18
ディスコ ……………………………… 64
Dell（デル）……………………… 106, 117
トヨタ自動車 ………………………… 25
ニコン ………………………………… 17
日本M＆Aセンター ………………… 67
パナソニック ……………… 56, 171, 177
ファーストリテイリング …………… 39
富士フイルム ………………………… 17
マイクロソフト ………………… 23, 116
柳井正 ………………………………… 39
ヤマト運輸 …………………………… 43
ユニクロ ………………………… 39, 136
楽天 ……………………………… 117, 137

参考文献

『経済発展の理論』(上・下) J.A. シュムペーター著、塩野谷祐一・中山伊知郎・東畑精一訳、岩波文庫、1977 年

『イノベーションと企業家精神』P.F. ドラッカー著、上田惇生訳、ダイヤモンド社、2007 年

『イノベーションのジレンマ　増補改訂版』クレイトン・クリステンセン著、玉田俊平太監修、伊豆原弓訳、翔泳社、2001 年

『イノベーションへの解』クレイトン・クリステンセン＋マイケル・レイナー著、玉田俊平太監修、櫻井祐子訳、翔泳社、2003 年

『ブルー・オーシャン戦略』W・チャン・キム＋レネ・モボルニュ著、有賀裕子訳、ダイヤモンド社、2013 年

『リバース・イノベーション』ビジャイ・ゴビンダラジャン＋クリス・トリンブル著、渡部典子訳、小林喜一郎解説、ダイヤモンド社、2012 年

安部徹也（あべ　てつや）

株式会社MBA Solution代表取締役。1990年、九州大学経済学部経営学科を卒業後、太陽神戸三井銀行（現・三井住友銀行）に入行。銀行退職後に渡米し、インターナショナルビジネス分野で全米No.1のビジネススクールThunderbirdにてGlobal MBAを取得する。成績優秀なトップMBAのみが入会を許可されるβΓΣ（ベータ・ガンマ・シグマ）会員でもある。ビジネススクール卒業後は、経営コンサルティングおよびビジネス教育を主業とする株式会社MBA Solutionを設立し、代表取締役に就任。現在、日本におけるMBA教育の普及を目指す日本MBA協会の代表理事を務める。テレビや新聞、ラジオ、雑誌など、マスメディアにも多数出演。

著書に『最強の「ビジネス理論」集中講義』『ストーリーでわかる！ブルー・オーシャン戦略実践入門』（以上、日本実業出版社）、『超入門 コトラーの「マーケティング・マネジメント」』（かんき出版）などがある。

シュンペーター、ドラッカーから、
クリステンセン、キム＆モボルニュ、ゴビンダラジャンまで
最強の「イノベーション理論」集中講義

2015年2月1日　初版発行

著　者　安部徹也　©T. Abe 2015
発行者　吉田啓二

発行所　株式会社 日本実業出版社　東京都文京区本郷3-2-12 〒113-0033
　　　　　　　　　　　　　　　　大阪市北区西天満6-8-1 〒530-0047
編集部　☎03-3814-5651
営業部　☎03-3814-5161　振替　00170-1-25349
　　　　　　　　　　　　http://www.njg.co.jp/

印刷／厚徳社　　製本／若林製本

この本の内容についてのお問合せは、書面かFAX（03-3818-2723）にてお願い致します。
落丁・乱丁本は、送料小社負担にて、お取り替え致します。

ISBN 978-4-534-05254-4　Printed in JAPAN

最強の集中講義シリーズ　絶賛発売中!!

安部徹也・著
定価 本体 1500円(税別)

最強の「ビジネス理論」集中講義

ドラッカーの「ミッションとビジョン」、ポーターの「事業戦略」、コトラーの「マーケティング戦略」など、各理論を提唱者自ら講義したらと仮定して、フレームワークや実例を示しながら解説します。

最強の「経済理論」集中講義

なぜ働いても豊かになれないのか？　アダム・スミスからフリードマンまで、7人の経済学者の代表的著作をもとに、経済古典のエッセンスをコンパクトに凝縮。この1冊で経済学の歴史が俯瞰できます。

藤田康範・著
定価 本体 1500円(税別)

小野善生・著
定価 本体 1500円(税別)

最強の「リーダーシップ理論」集中講義

コッター、ベニス、グリーンリーフなど、リーダーシップ研究の大家が一堂に会し、リーダーシップの考え方と具体的な行動をレクチャーします。リーダーに必要なスキルや知識をコンパクトに学べます。

定価変更の場合はご了承ください。